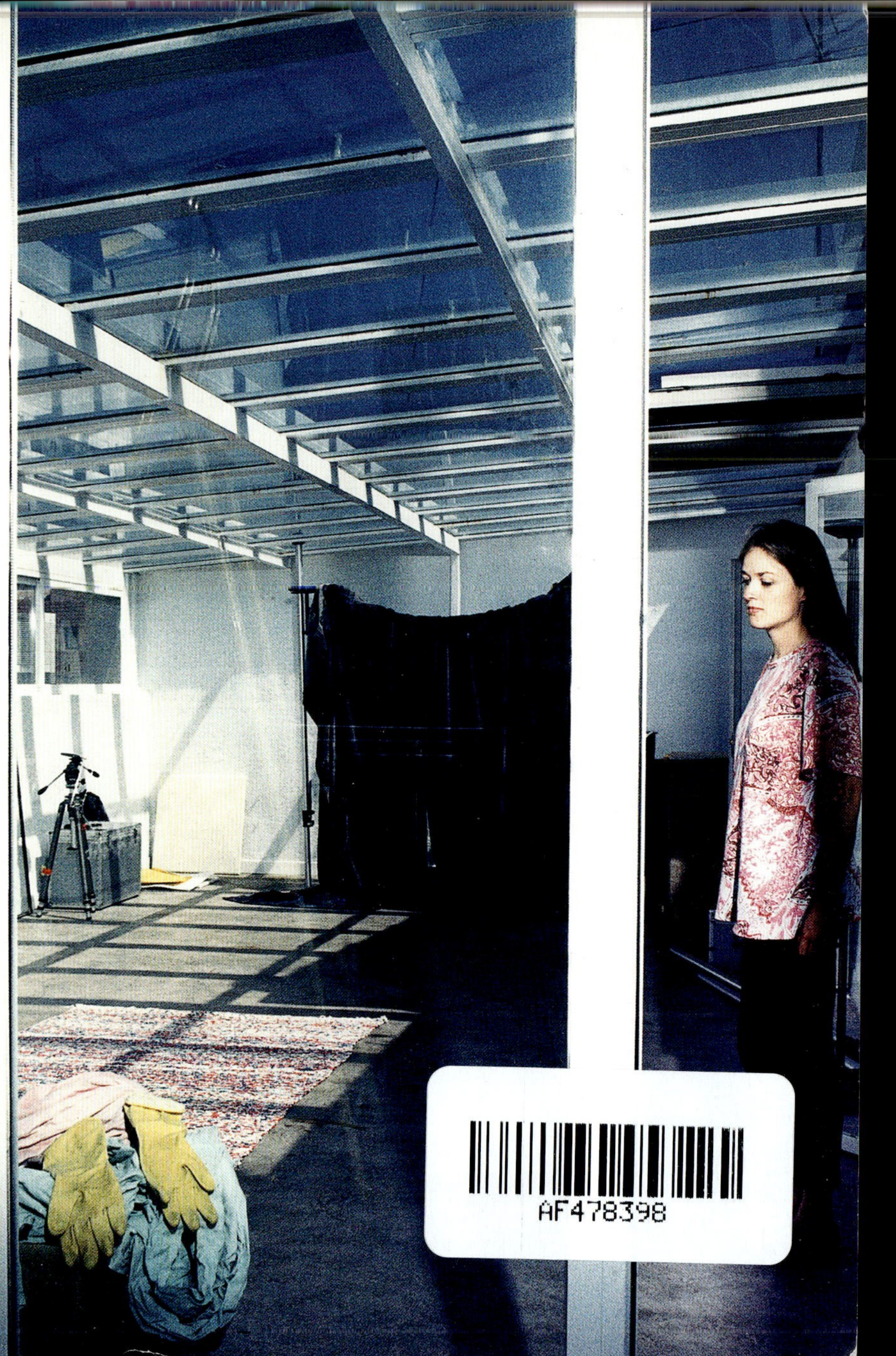
AF478398

Segunda edición revisada y ampliada, 2008

Biblioteca PHotoBolsillo

Ouka Leele

PHoto**Bolsillo**   LA FABRICA EDITORIAL

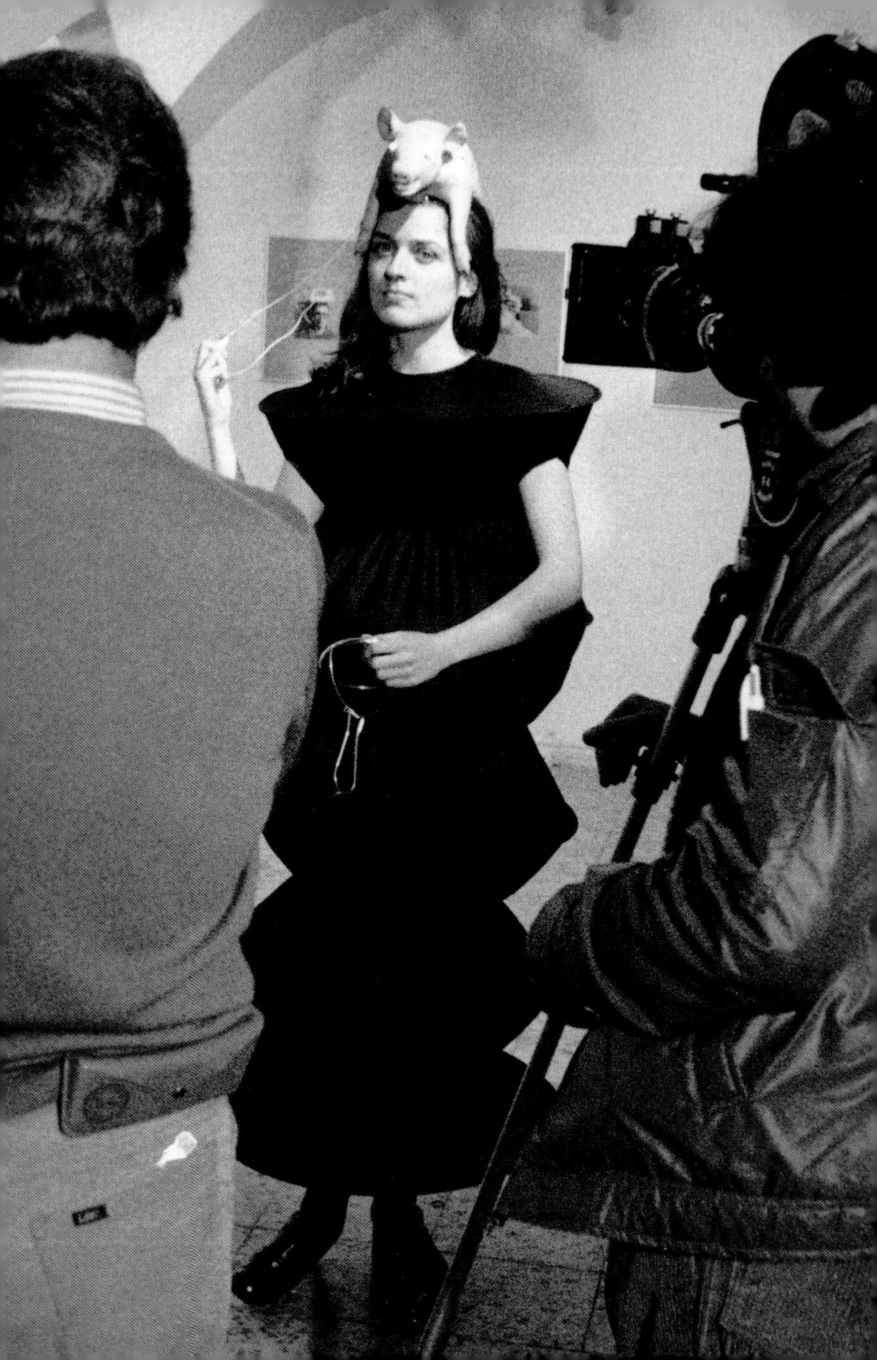

Ouka Leele

Antenas y raíces

Por Rafael Gordon

Inauguración en el Museo Español de Arte Contemporáneo, 1987

El 24 de septiembre de 1987, en Madrid, el museo español de
Arte Contemporáneo inauguró una exposición que recogía once
años de trabajo de la obra de Ouka Leele, contaba la artista 30
años. El potencial explosivo de la presentación de su obra fue
enorme, no sólo por el hecho de que el público visitó masiva-
mente la exposición, al extremo de formarse largas colas de vi-
sitantes; lo insólito fue que la artista era la primera creadora de
su época que mostraba el trabajo de su primera juventud, pleno
de liberadora vanguardia, en la mismísima sede oficial del Arte
Moderno. La fotografía entraba de la mano de una joven hiper-
tímida en el Sagrado Templo: la exposición fue un suceso único,
y posiblemente irrepetible, en la siempre acomplejada, anacró-
nica y grandilocuente cultura oficial española.

El conjunto de la obra presagiaba que su proyección
artística sería universal y atemporal, que su producción no na-
cía del manierismo telúrico y tremendista de lo español, propio
de la circunstancia histórica. En las fotografías expuestas se
apreciaba que la imaginación de la artista sobrevolaba con fuerte
inspiración las vanguardias artificiales de su tiempo; vanguardias que nacen, se reproducen y mueren de manera adulte-
rada y, a veces, de manera oficial.

El genio creativo de Ouka Leele tiene su antecedente
en la utopía renacentista de crear belleza y espíritu: para alcan-
zar esta verdad totalizadora del arte, se requiere talento, ca-
rácter y una personalidad radicalmente libre. Ouka Leele –na-
cida Bárbara Allende– vio la luz en Madrid en 1957 en plena
Red de San Luis, entre Montera y Gran Vía, a unos cientos de
metros donde vino al mundo el pintor Juan Gris, y a la sombra
del rascacielos de Telefónica, el primer zarpazo de la multina-
cional americana ITT en Europa, según el novelista John Dos
Passos. La Red de San Luis libera toda la energía de esta ciudad cosmopolita, e incluso la supera. Miles de personas des-
bordan sus aceras, día a día, siglo a siglo. Rascacielos, edifi-
cios burgueses, putas hiperrealistas, joyerías, McDonalds…
Templete para ascensor futurista del genial arquitecto Palacios, desfile triunfal bajo los balcones del César Eisenhower,
iglesias barrocas de Caballero de Gracia y, al fondo, el moder-
nista y pavoroso incendio de Saldos Arias. Todo esto sucede
ante los ojos de una niña de mirada azulada que busca su iden-
tidad observando el asfalto ardiente y gélido, con un pulso de

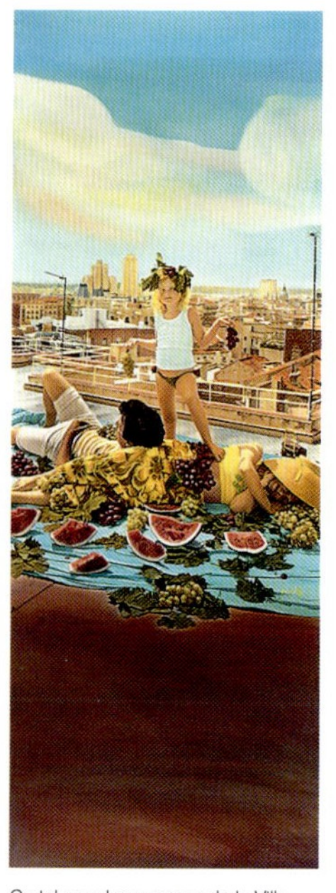

Cartel para Los veranos de la Villa,
1996

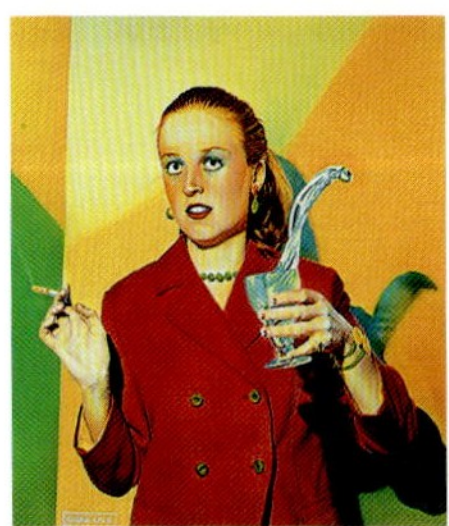

Autorretrato con vaso de agua, 1980

sangre detenido en sus venas, en un círculo contaminado, mágico e irracional.

Si, como dicen los sabios, el inconsciente nutre y define el espíritu del artista en sus primeros cinco años de vida, podemos afirmar que las antenas del futuro y las raíces del pasado que conforman el poliédrico y universal hacer creativo de Ouka Leele se concentran en apenas unos cientos de metros cuadrados, en la Red de San Luis, Rey de Francia, en la evanescente y despatriada Madrid. En este punto es acertado recordar que en los novísimos diccionarios de arte se habla de que en Madrid hubo un movimiento lúdico-artístico a finales de la década de los setenta y comienzos de la de los ochenta del pasado siglo, un movimiento llamado «Movida». Podemos afirmar que el Rey superviviente de aquel movimiento nació en Calzada de Calatrava, en pleno corazón de la Mancha, y que la Reina, con seudónimo de estrella y de rasgos y físico prerrafaelistas, nació en Madrid. Rey y Reina son jóvenes y su reinado se presume próspero y duradero.

El mundo gráfico de Ouka Leele es una inagotable aventura hacia la libertad de creación, un mundo pleno de significado. Esencializa el tiempo y lo imaginario, busca incansable la humanidad de los objetos, la poetización de lo cotidiano, y siempre logra la originalidad más deslumbrante. Su arte reside en reinventar la disposición del espacio escénico, del gesto, de la luz... tal como percibimos en sus obras *Misterio de la vida*, *Moda española* o *El sueño de una noche de verano*. Todo, todo lo que la cámara fotografía y lo que el color de sus pinceles recrea, es fruto de su inspiración. El dominio del oficio la lleva al virtuosismo de querer fijar el movimiento y lograr detener la acción dentro de la propia fotografía, como podemos apreciar en obras como *Desnudo con periódicos*, *Bananne Rose* y *Autorretrato con vaso de agua*.

Nos encontramos ante una artista dotada de una hipersensibilidad de hierro y de una intuición que le permiten percibir las corrientes expresivas más significativas de su tiempo, pero dejando siempre una impronta personal en todo cuanto asimila. Su obra puede resumirse en una búsqueda incansable para poder lograr expresar un principio inmaterial, como si necesitara vivir y hacer vivir a sus personajes en una sustancia incorpórea. Ya en su primera juventud, al realizar en Barcelona la serie *Peluquería,* la autora buscó la imagen totémica del ser humano transcendido por la aureola de reminiscencias mitológicas. Los seres de *Peluquería,* aunque revestidos de evidente simbolismo clásico, jamás son paródicos: la fuerza expresiva y la belleza formal de estas obras estampan en estos retratos un

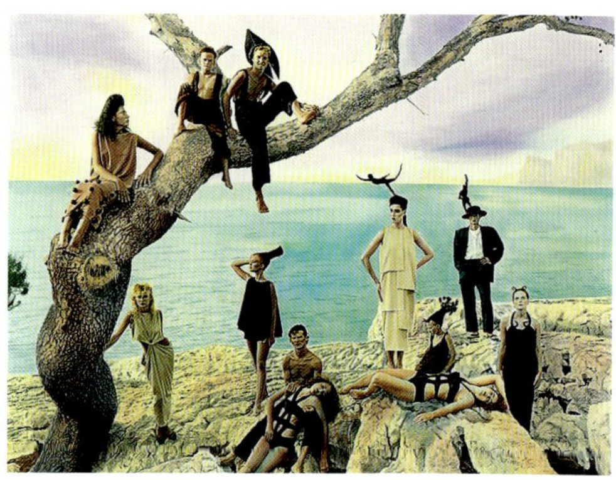

La moda española, 1986

grito de rebelión ante la propia naturaleza y conformismos humanos. Un grito que viene de un mundo atávico y mitológico muy profundo... Sirva de referencia de la serie *Peluquería* la obra *Pulpo con paisaje*.

Ouka Leele parte de arquetipos colectivos para reflejar en cientos de fotografías un mundo subterráneo que emerge a la luz fijando el tiempo y el instante, y logrando cristalizar de manera mágica, sin perder el conflicto ni la pulsión emotiva, lo humanamente irrenunciable. Esta supremacía de lo esencialmente humano facilita que su obra sirva de ilustración perfecta para todo elemento gráfico de reproducción masiva, desde el póster a la novela; sirve de ejemplo su obra *Retrato de Mijail Gorbachov*, ilustrando la portada de la revista *Rolling Stone*.

Es importante remarcar que la obra de Ouka Leele es de una variedad prodigiosa: la artista huye del modelo único, que posibilita a determinados creadores vivir de por vida de un solo «logotipo» artístico detrás del cual se escudan. Ella lucha por enfrentarse a nuevos retos que la alejen del conformismo y la autocomplacencia. Estamos ante una obra de creatividad ingente, donde la perfección emana de un clasicismo severo en la forma que logra que su imaginación alumbre colores inventados que ilustran la expresión dramática, siempre plena de originalidad, belleza, energía... y que la aproximan –y en algunos casos la equiparan– a sus admirados Dalí y Magritte. Recordemos en este sentido las obras *Un domingo por la mañana* o *Bananne Rose,* trabajos de singular creatividad.

En la orientación creativa de Ouka Leele resultan determinantes sus paseos de infancia y adolescencia por el Museo del Prado: su intuición, su sentimiento hacen que sus ojos de niña no puedan reprimir las lágrimas cuando contempla el rojo

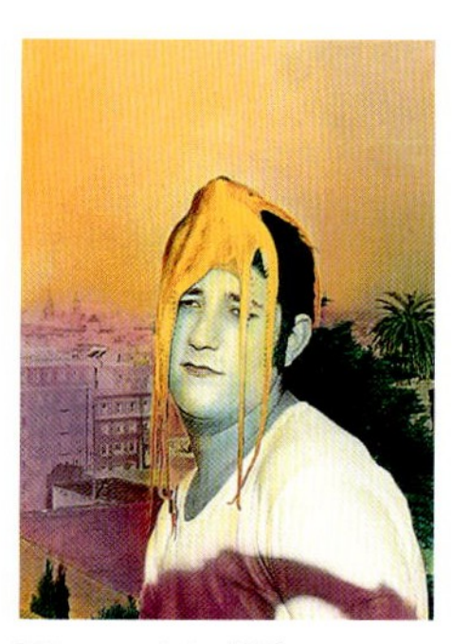

Pulpo con paisaje, 1979

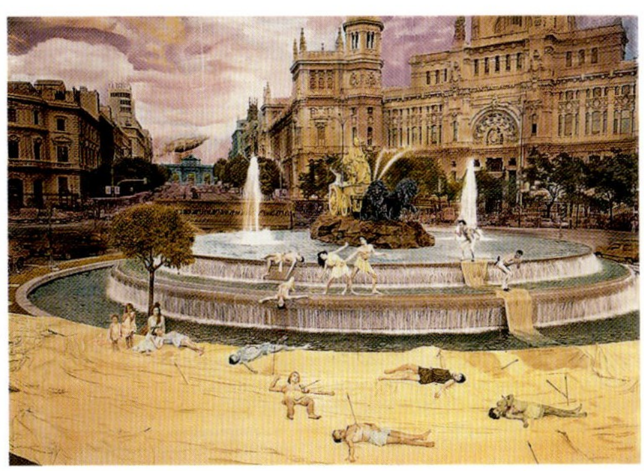

total de los lienzos de El Greco. «Me fijaba en el color rojo únicamente, como si fuera un cuadro abstracto, sin saber lo que era el arte abstracto.» Esta prematura emotividad no la ha abandonado nunca, a la manera de su querido Picasso: ella no fotografía lo que ve, sino lo que siente. La artista reconoce que el Museo del Prado la formó en el sentido clásico de su obra. Quizá sea en su cuadro *Cibeles, Rappelle-toi Barbara*, donde la modernidad, unida a una sabia composición de los elementos dramáticos, ejemplariza mejor su propuesta de integrar en una fotografía de nuestro tiempo las posibilidades expresivas de los grandes maestros de la pintura.

Podemos aventurar que la formación artística de Ouka Leele es autodidacta, dado que su aproximación a las escuelas de pintura y fotografía, aun guardando gratitud a sus maestros, devienen en una inquietud iconoclasta. Si observamos detenidamente la obra *El beso,* apreciamos al instante su deseo apasionado de transfigurar cualquier apreciación apriorística de la realidad. En esta obra, hombre y mujer experimentan la vivencia más identificable con el amor, pero ante nuestros ojos esta misma vivencia se transforma en un acto instintivo, físico e inmediato, de agresividad atroz. Su poderosa expresividad hace de esta imagen un momento de exaltación único en el mundo imaginario de nuestro tiempo. *El beso,* reproducido en múltiples ilustraciones y en diferentes países, es el modelo perfecto para expresar un mal de nuestro tiempo, el horror de lo humano a la hora de compartir el afecto. Parece querer ilustrar inmejorablemente la confesión de Salvador Dalí en su libro *Confesiones inconfesables,* cuando nos habla de su primer beso a Gala: «Nuestros dientes chocaban con fuerza, como escudos en una batalla.»

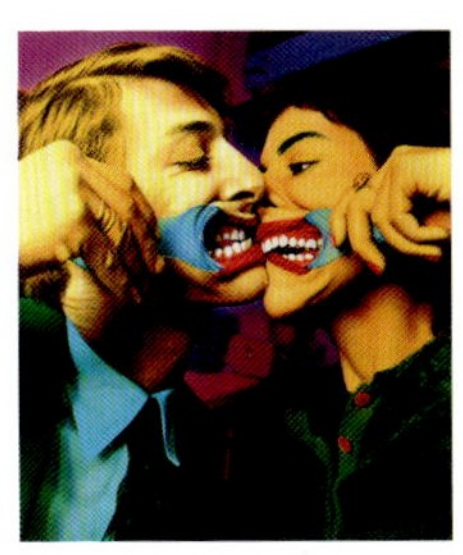

El beso, 1980

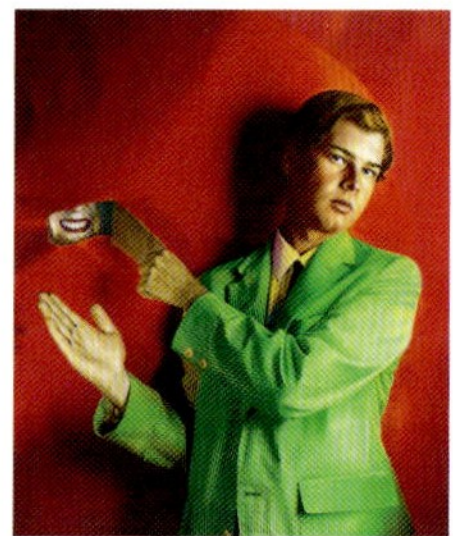

La diplomacia, 1984

Pero no debemos olvidar que la naturaleza primigenia de toda la obra de Ouka Leele es la belleza, ya se trate de paisajes, retratos o recreaciones, como es el caso en *La diplomacia*. El secreto creativo de su arte es la mezcla de mil posibilidades de expresión en forma y color, que determinan la construcción de una obra plena de belleza, que irradia espiritualidad, capaz de borrar al instante cualquier atisbo de convencionalismo fosilizado. Arte en estado puro, de creación total, capaz de competir en expresividad, con la pintura, el cine o el inabarcable mundo de la imagen publicitaria y la creación digital a un mismo nivel.

Contemplamos su obra *Madrid*, liberada, pese al título, de toda valoración individual o local, y se nos aparece una esfinge pop, a la que interrogamos sobre la posibilidad incierta de sobrevivir a la emoción del dolor humano. *Madrid* está recogida en el libro *Color Photography* de Gabriel Bauret, que reúne las fotografías en color más antológicas de su tiempo. Posiblemente sea el siglo XXI el que determine que una obra de arte deba convertirse, ante todo, en la expresión más totalizadora de un instante, que deba concentrar toda la memoria sensorial del espectador cibernético obligado a descifrar en segundos el último interrogante artístico. Las fotografías de Ouka Leele son, en este sentido, perfectos paradigmas de su tiempo.

Dejemos que sea su voz la que cierre este comentario: «Y siempre estoy empezando, siempre manteniendo esa mirada pura de la infancia, cuando nada aún tenía nombre, y voy construyendo mi modesto lenguaje, que no es sino de admiración ante la Divina obra de arte de la que formamos parte.»

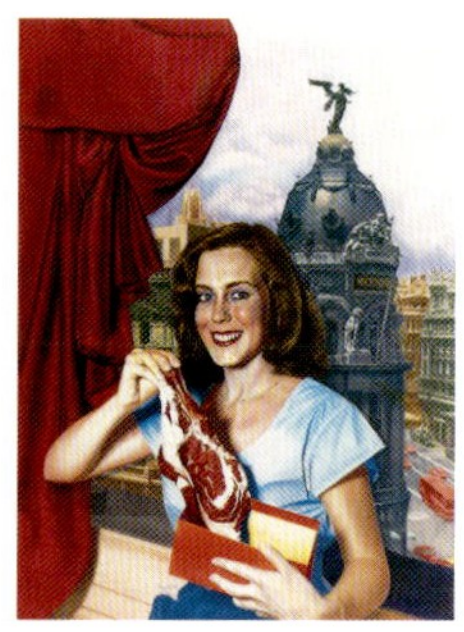

Madrid, 1984

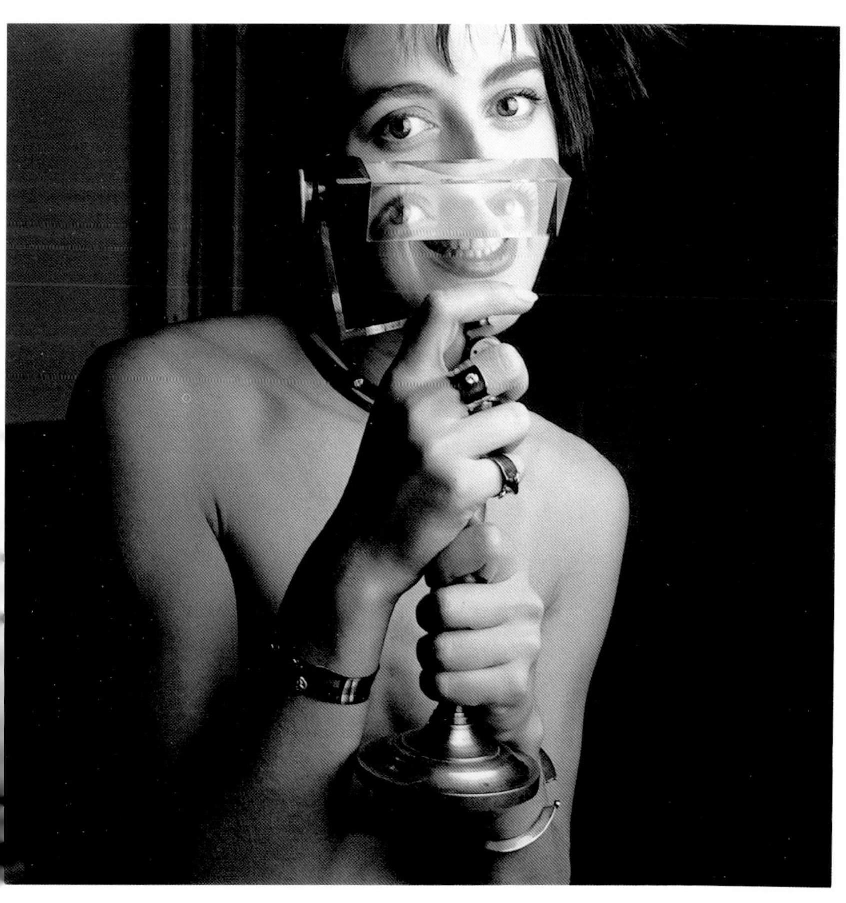

01. Prisma, 1986

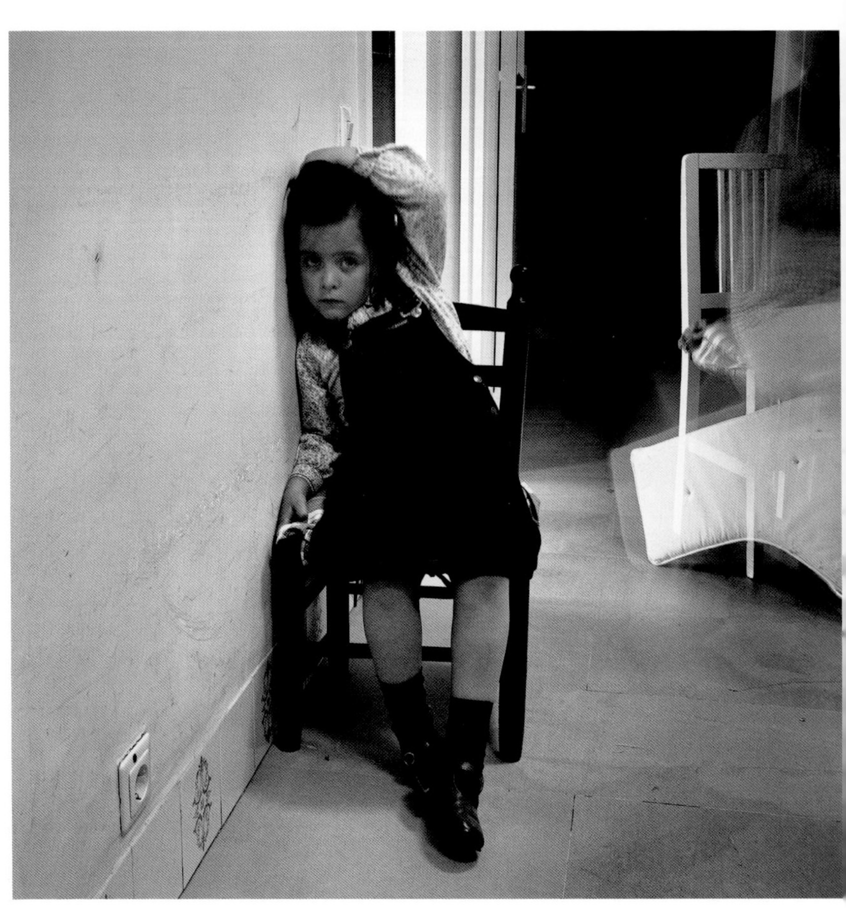

02. Mi querida Adriana absorbida por la tele mientras Manolita cose, 1982

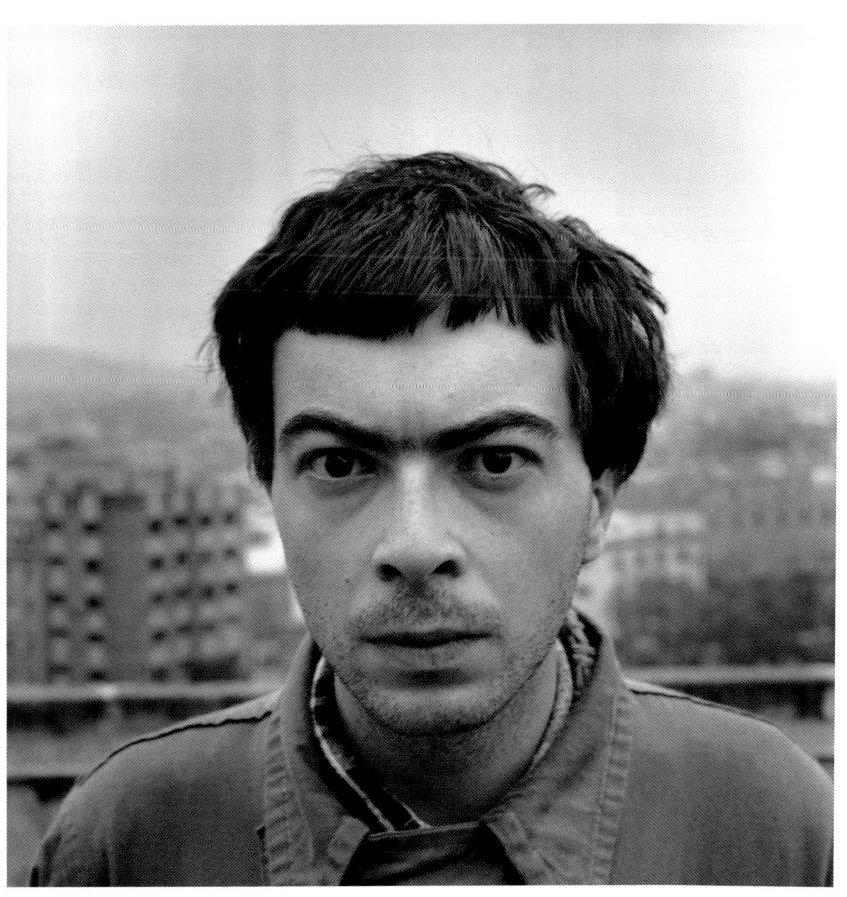

03. La mirada de El Hortelano, 1978

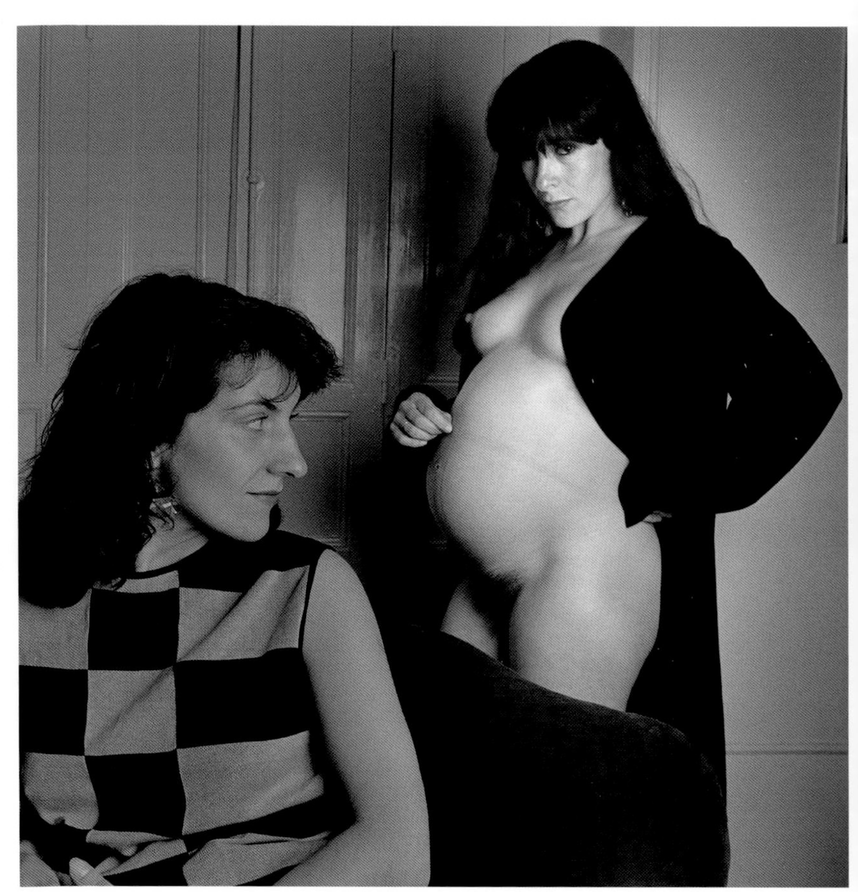

04. Antes. Ángela y Choni, 1982

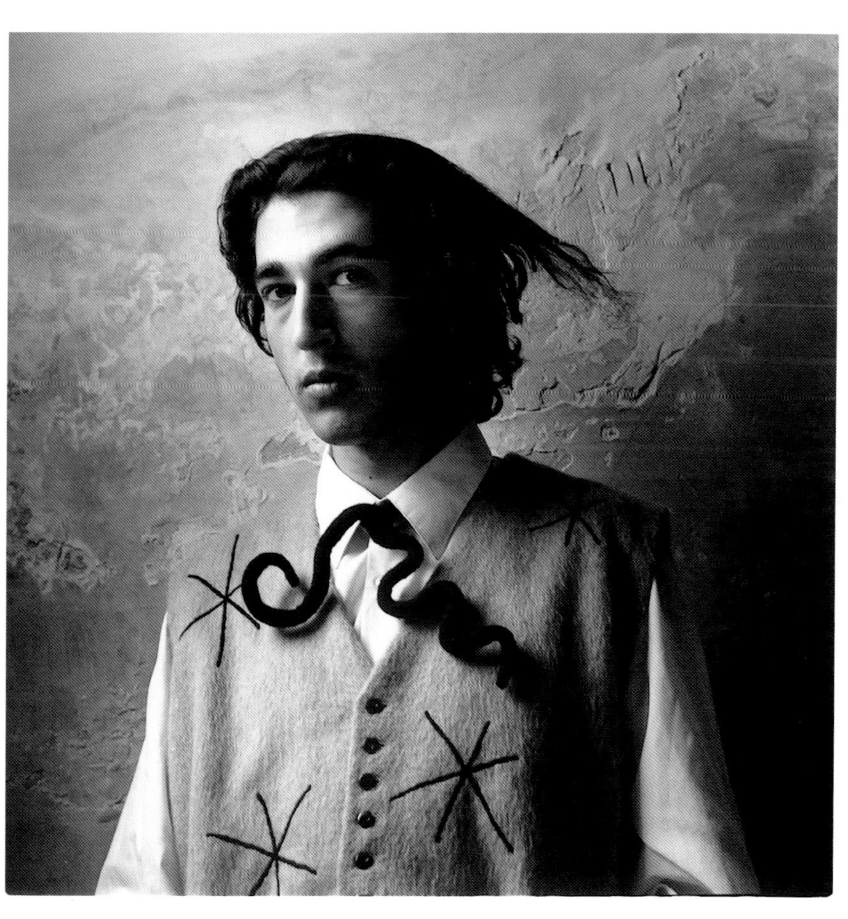

05. Para Sybilla, 1986

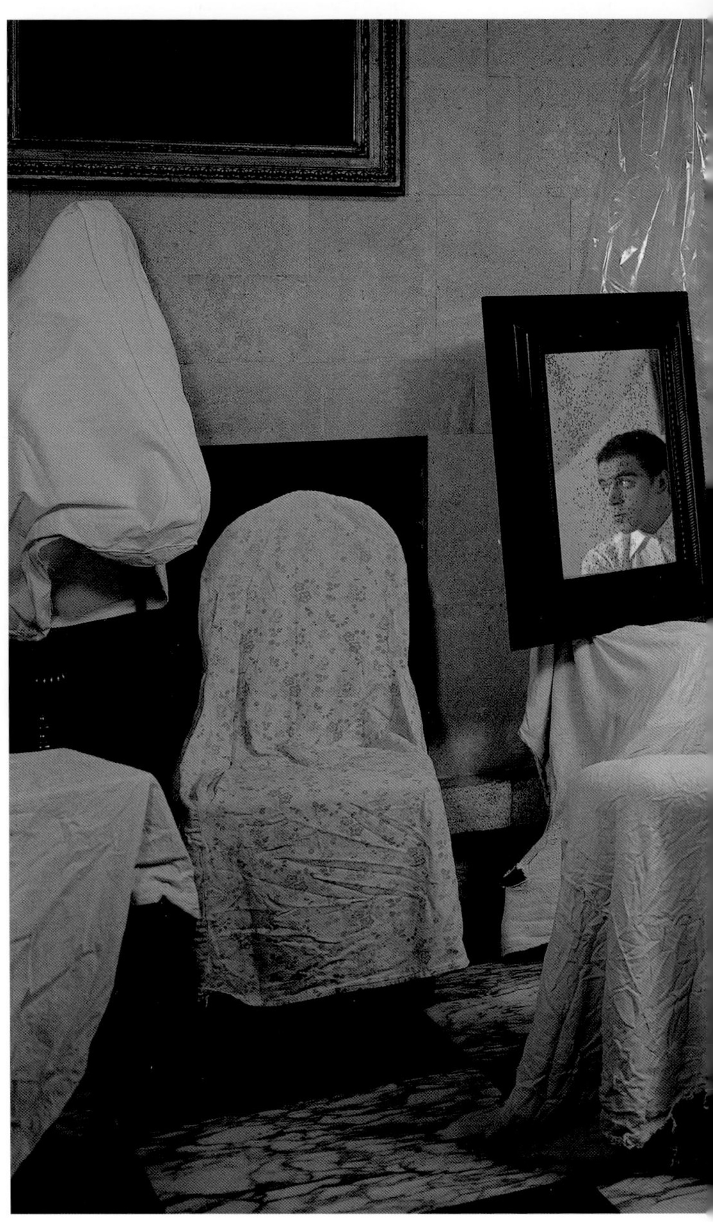

06. Ceesepe, 1982

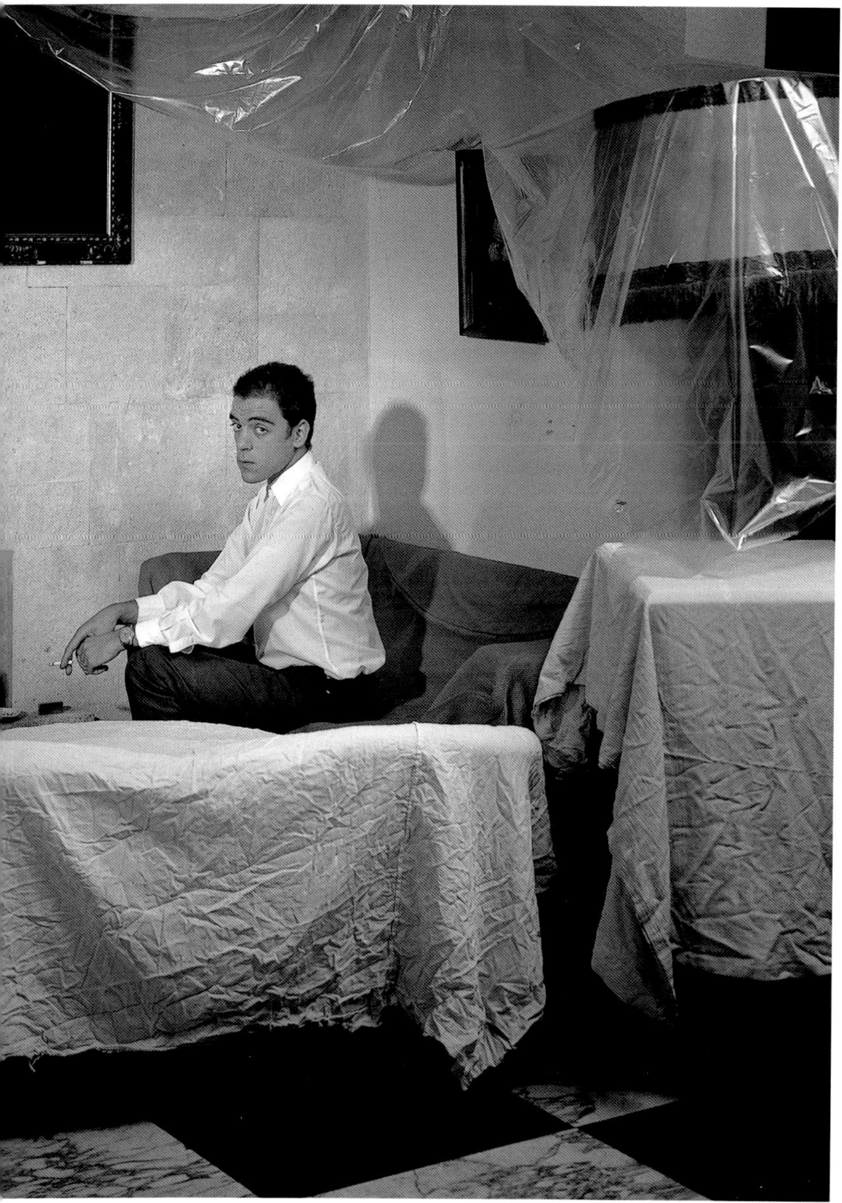

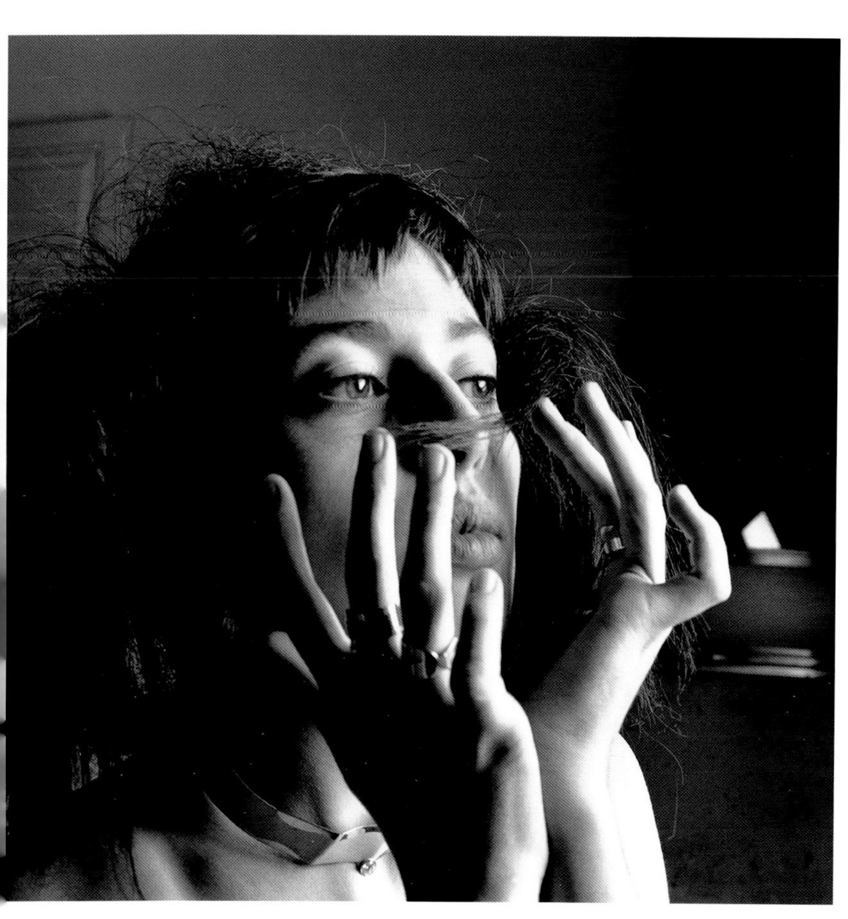

07. Begoña, 1986

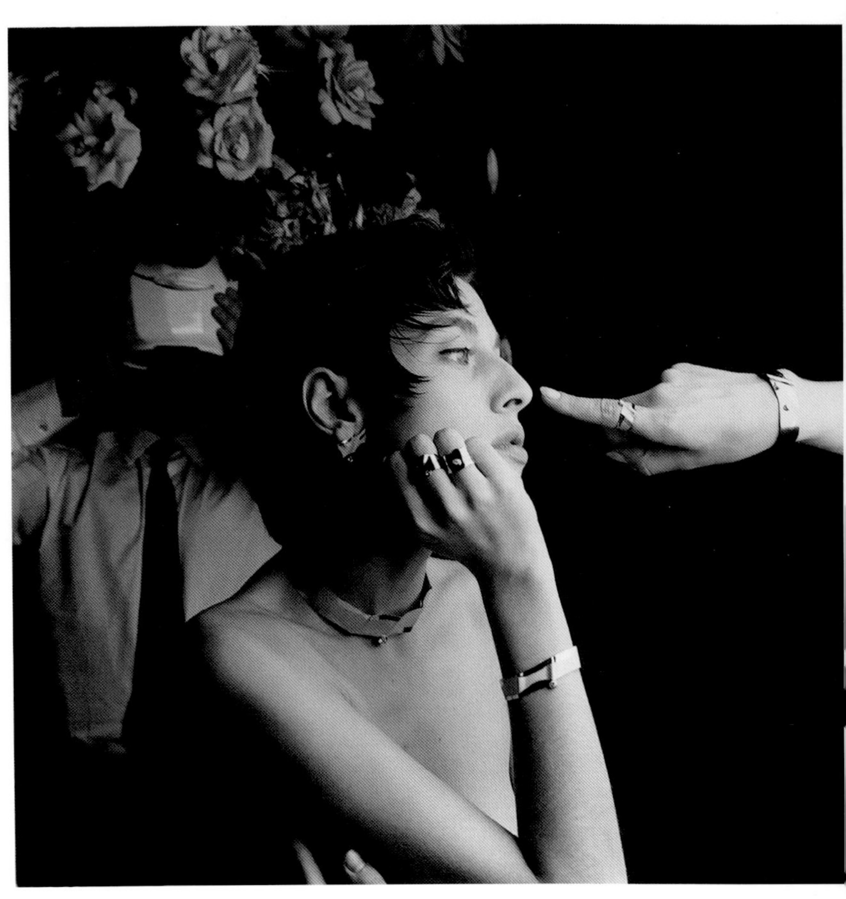

08. ¡No me toques la nariz!, 1986

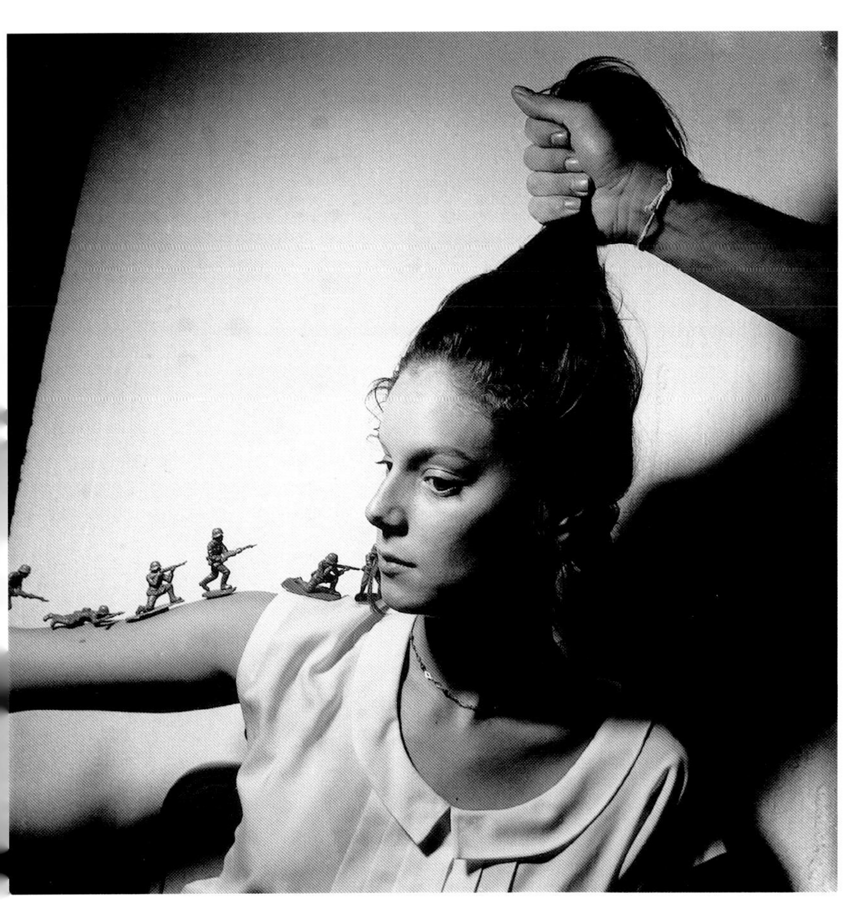

09. ¡No a la guerra!, 1983

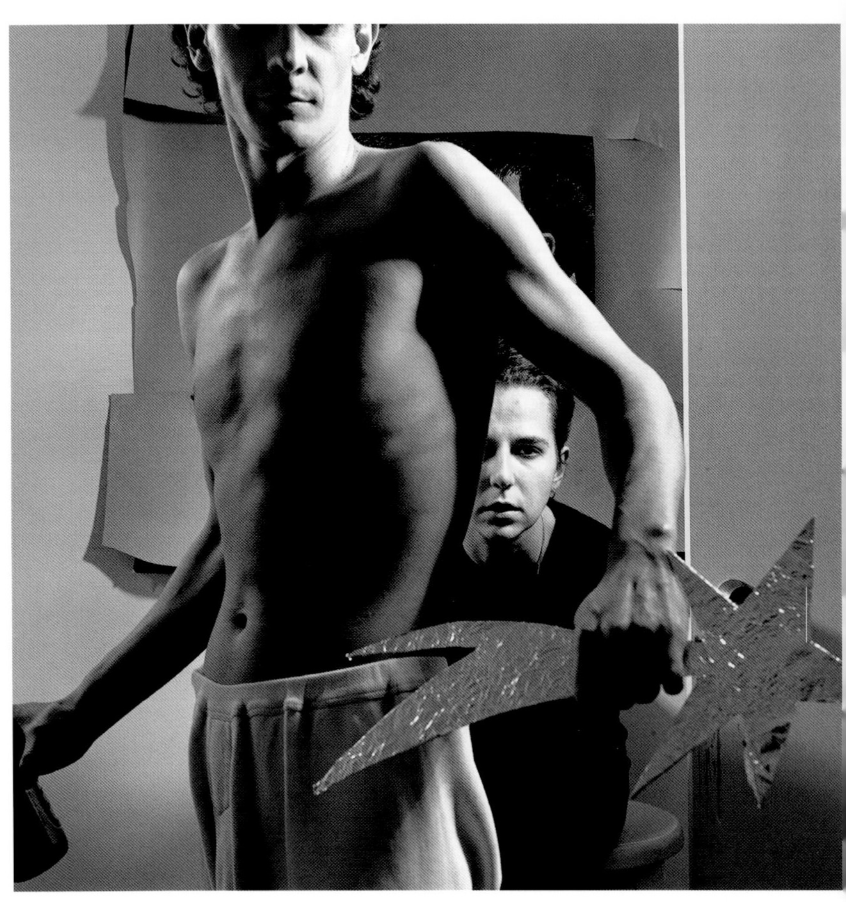

10. Cometa Halley, que separas nuestros corazones, 1986

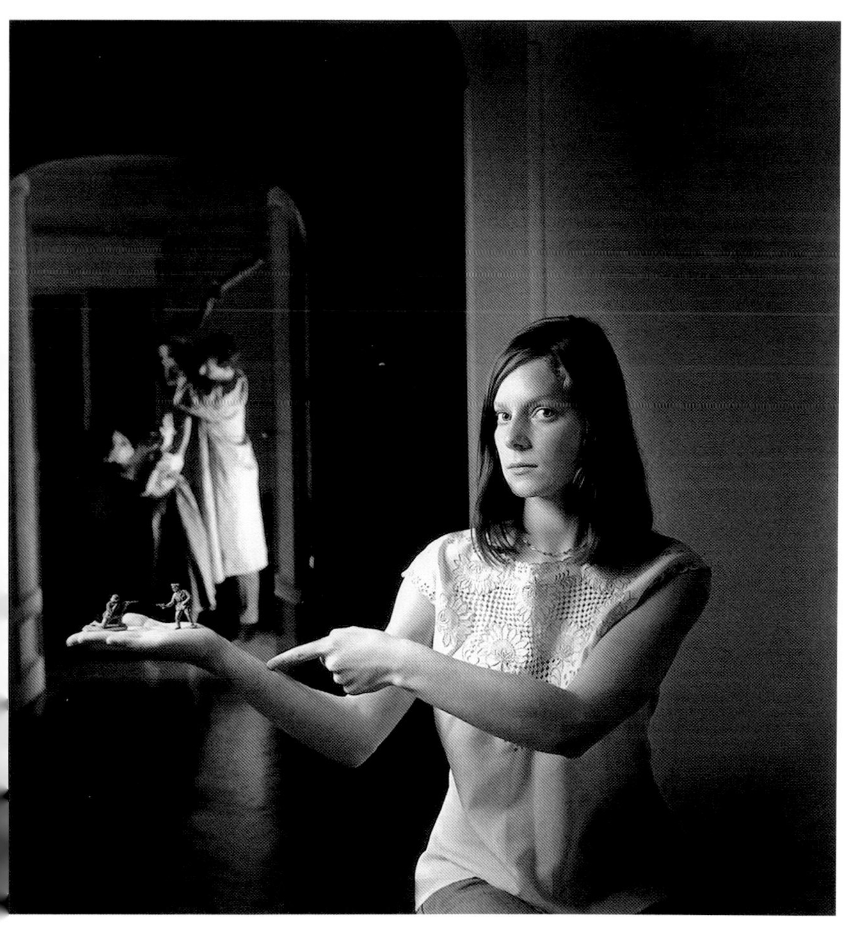

11. Mira esto, 1983

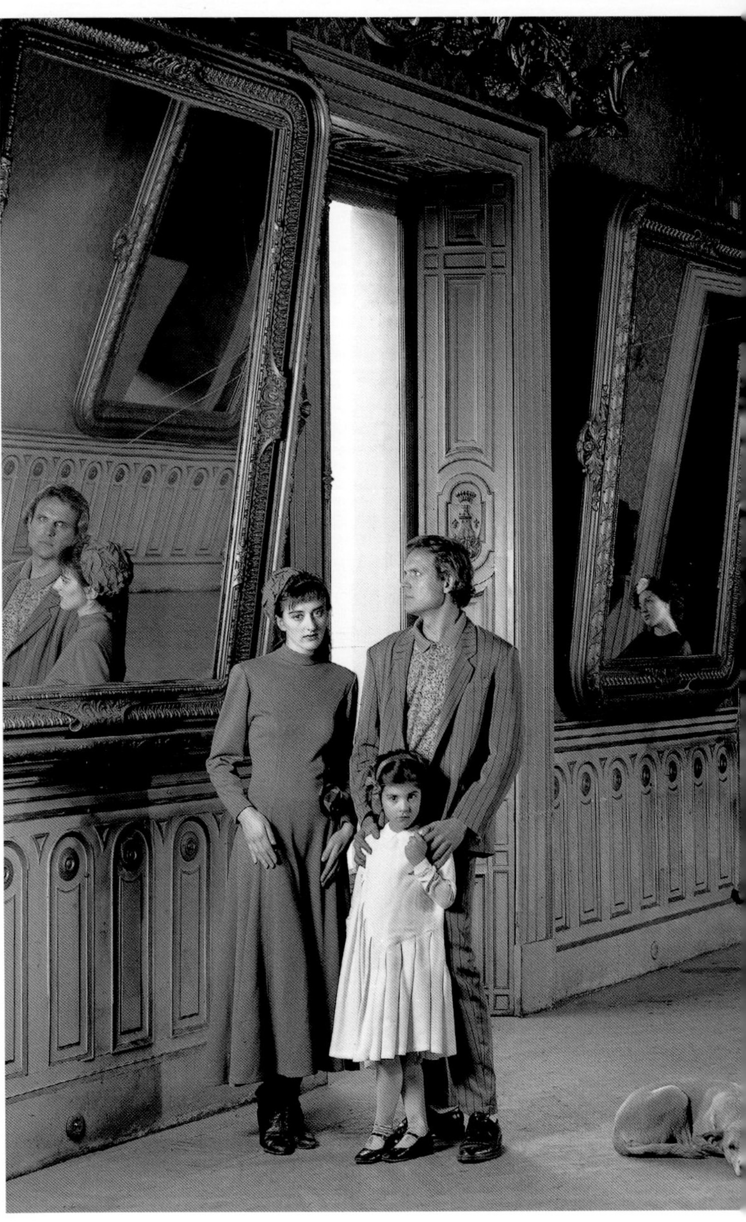

12. En el Palacio de Gaviria, 1987

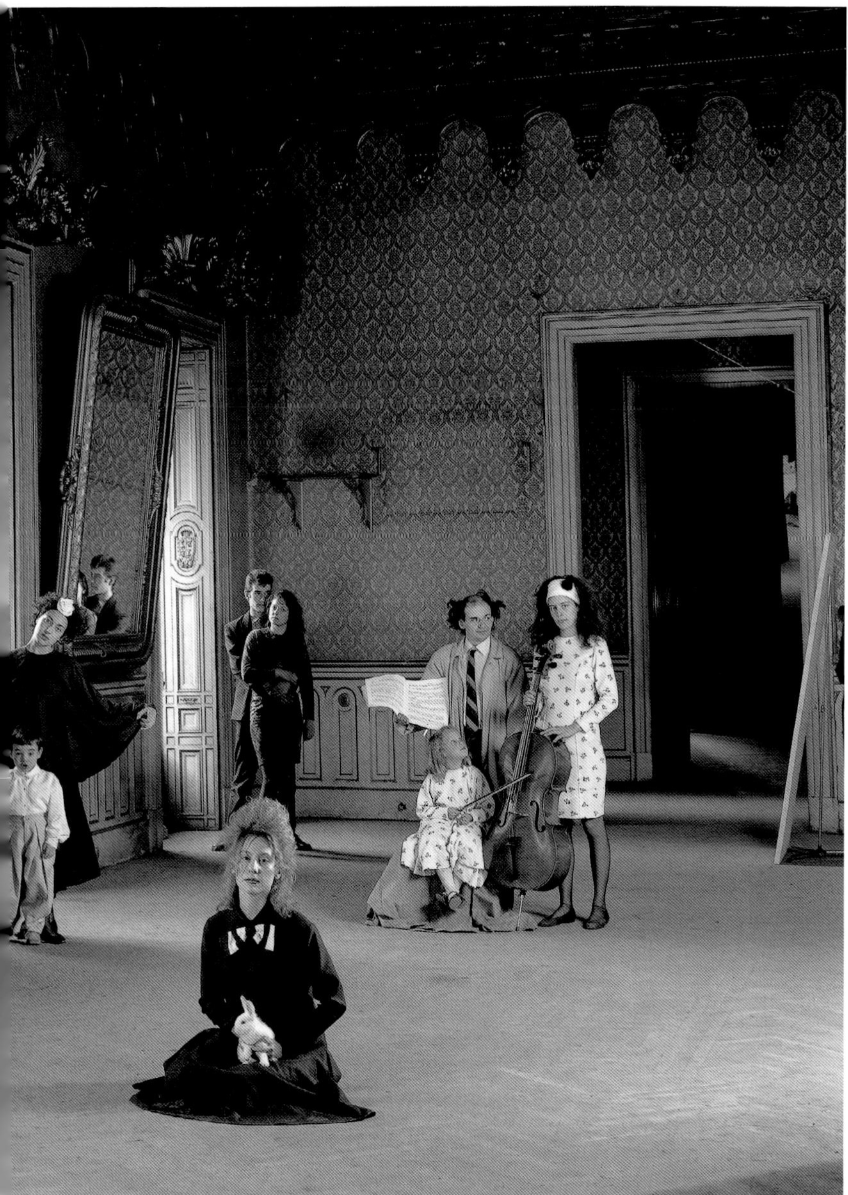

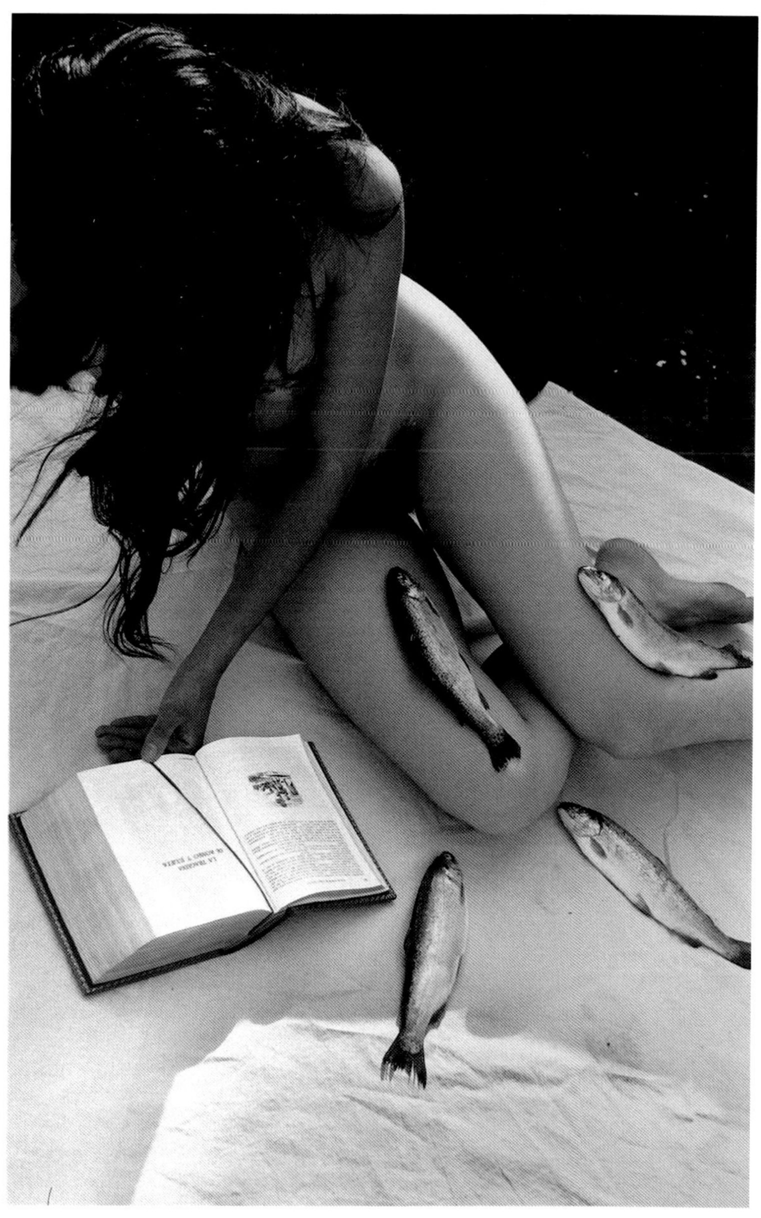

13. Y yo me lo llevé al río..., 1985

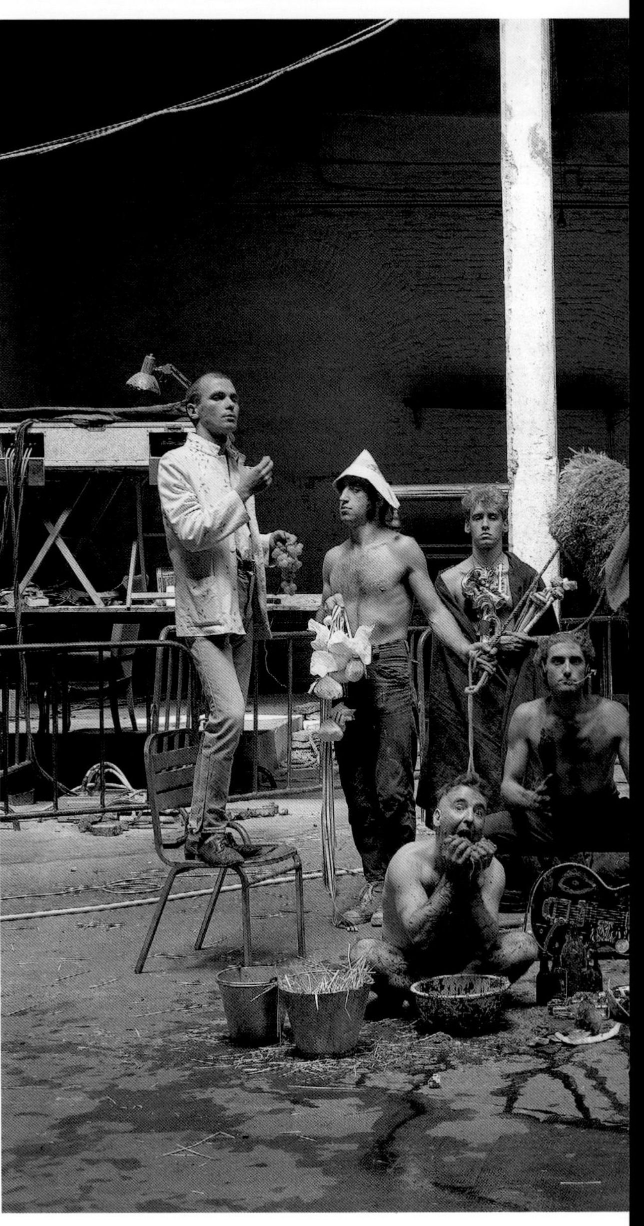

14. La Fura dels Baus, 1985

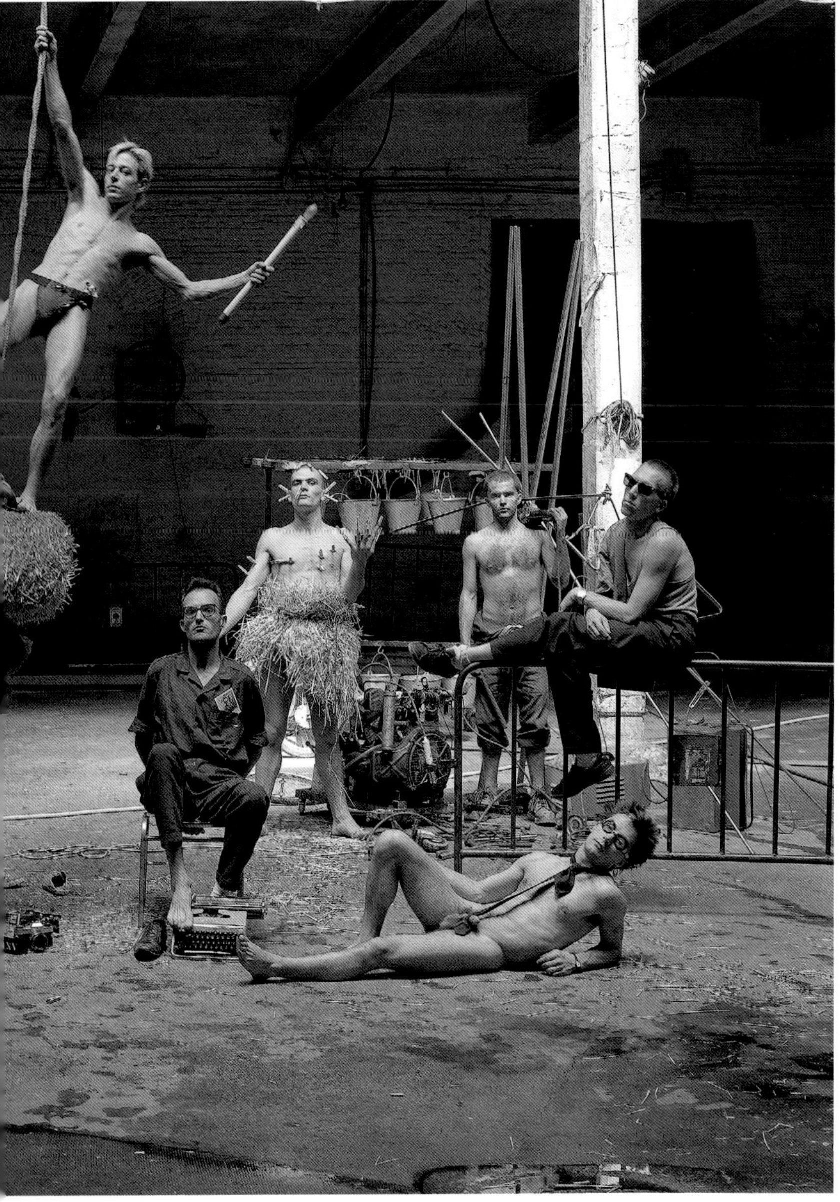

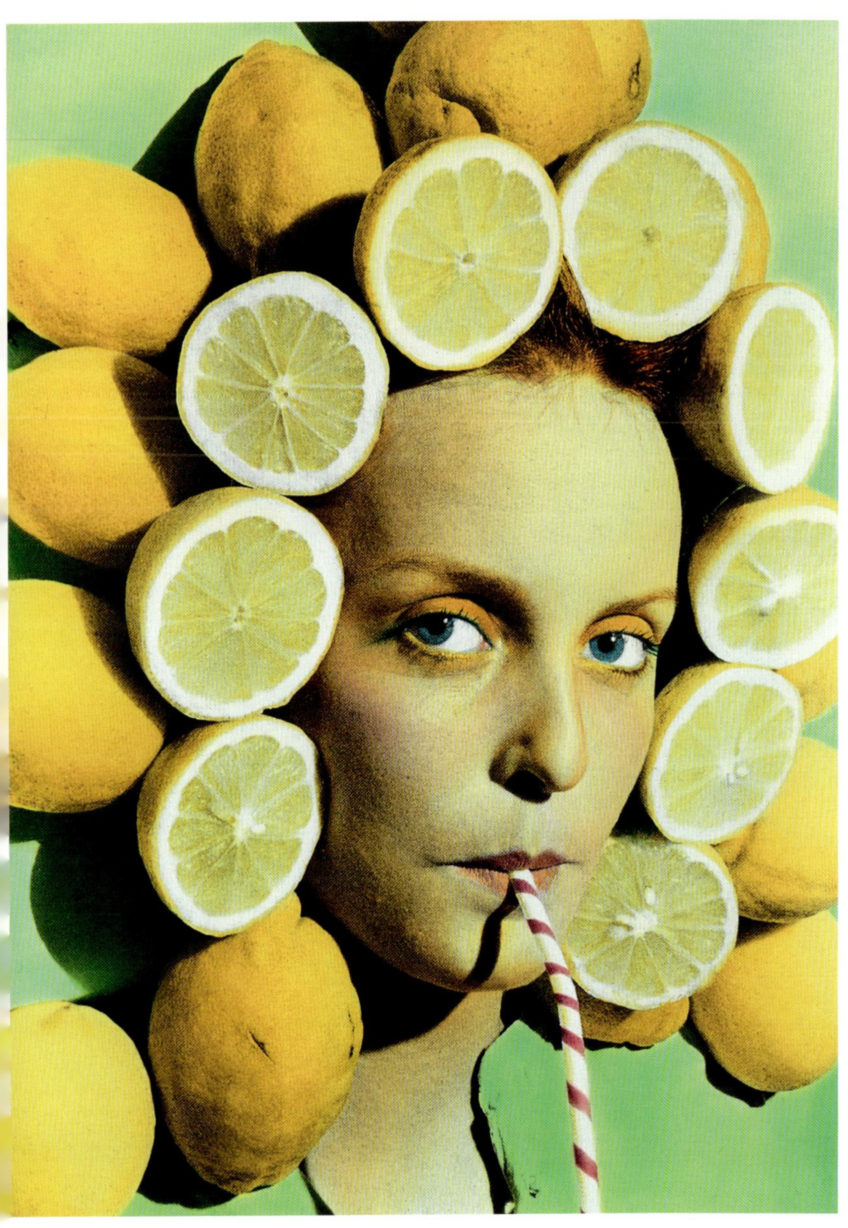

15. Peluquería, 1979

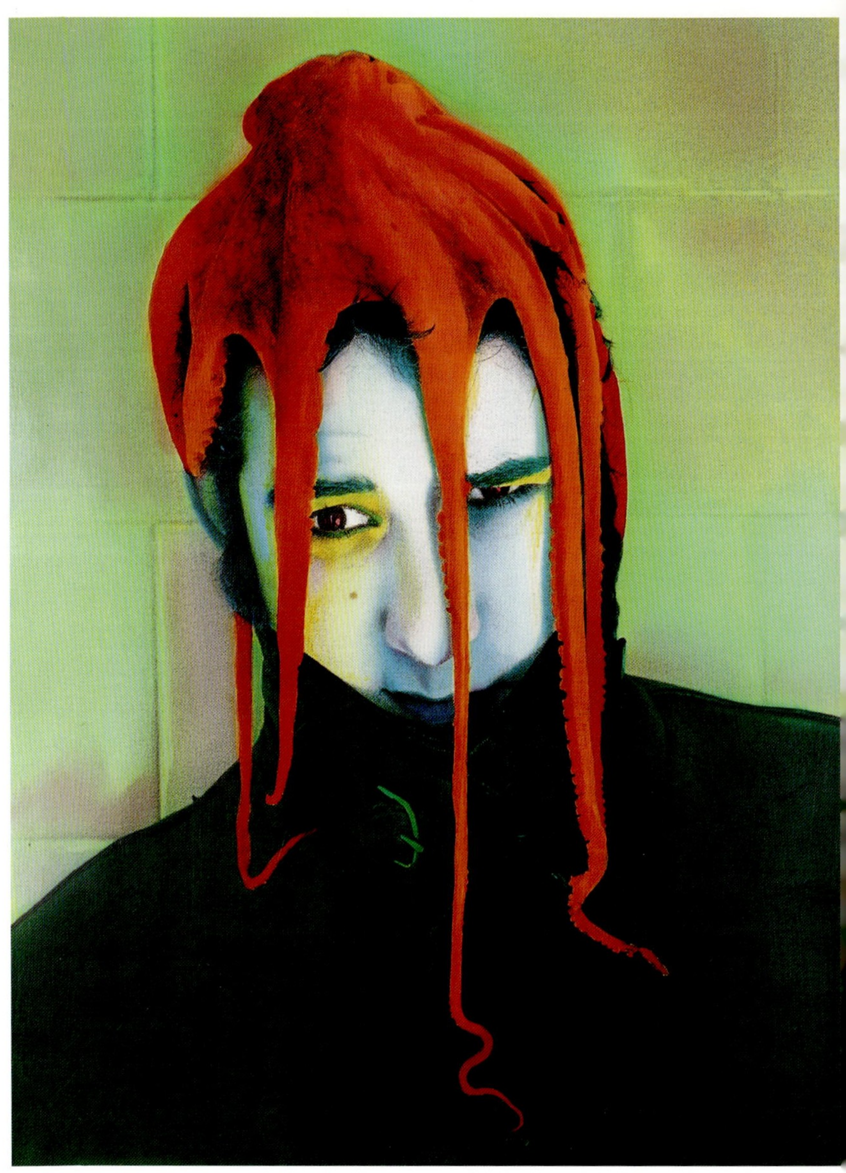

16. Peluquería, 1979

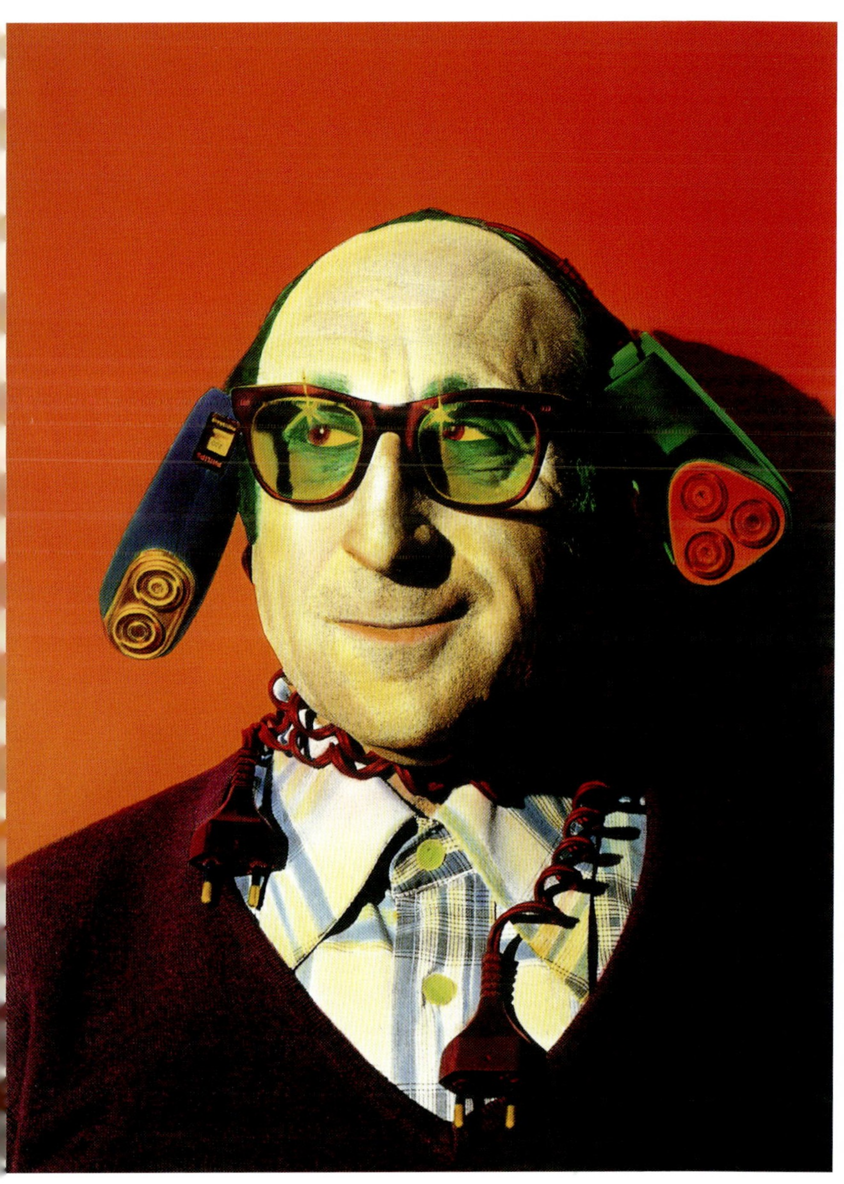

17. Peluquería, 1979

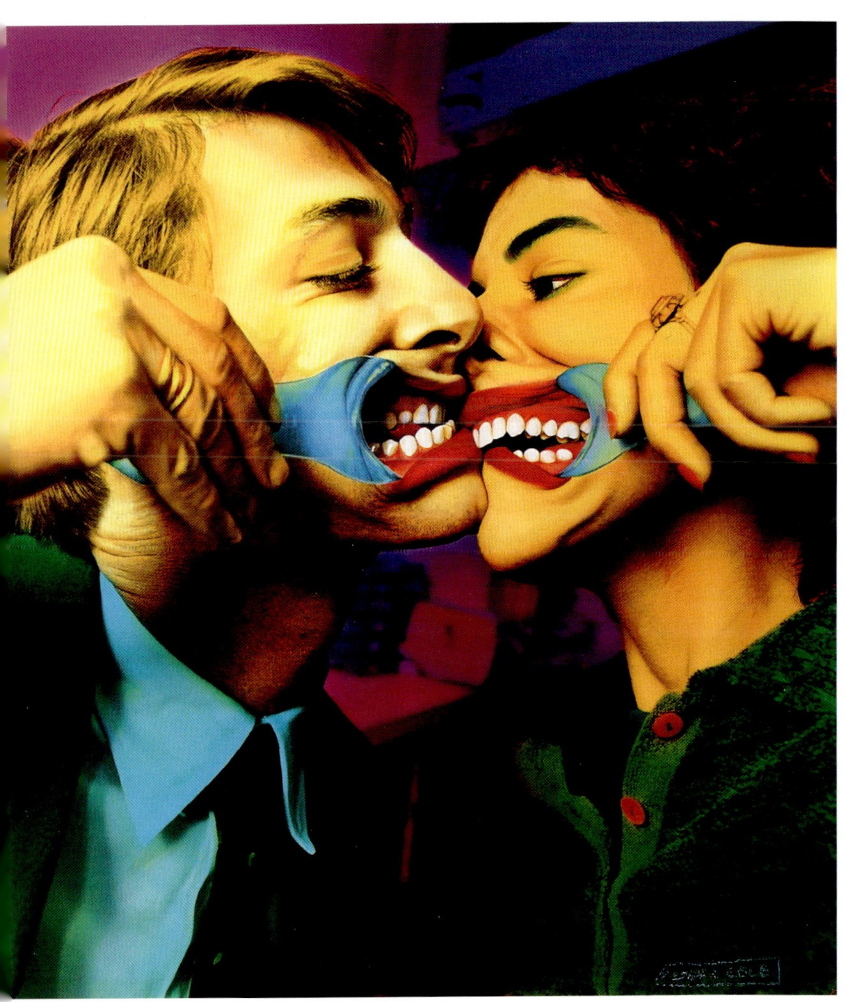

18. El beso, 1980

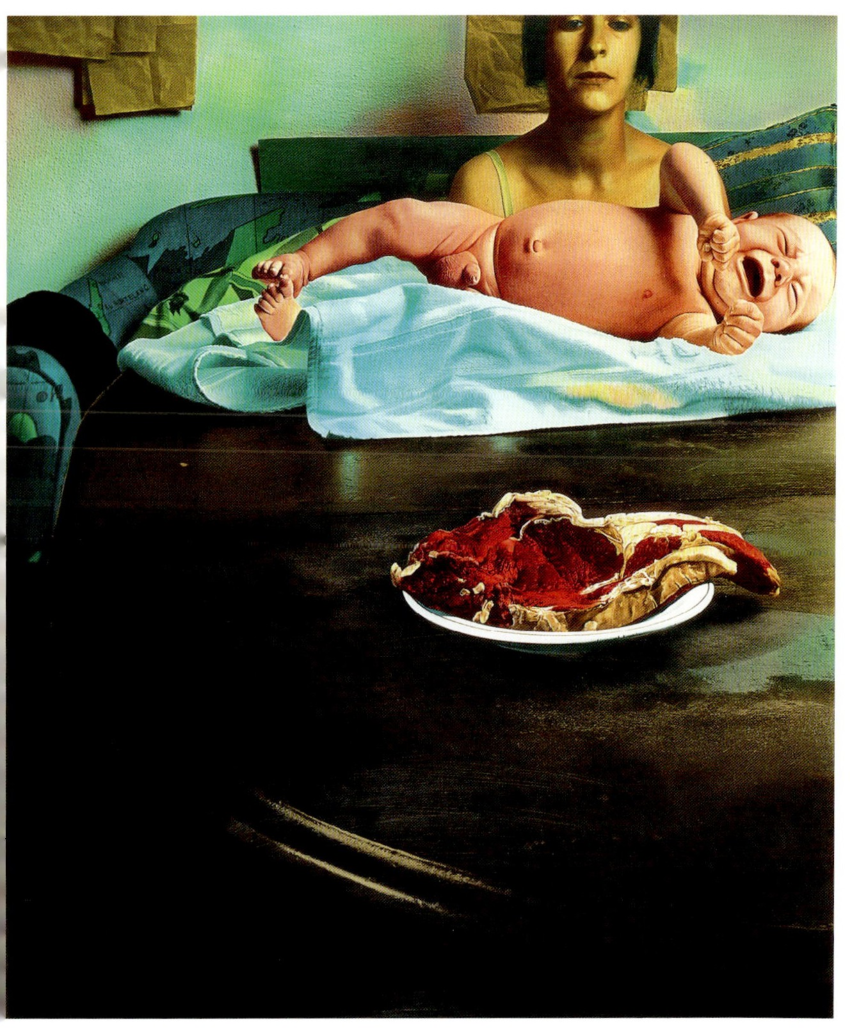

19. Acaba de nacer, 1984

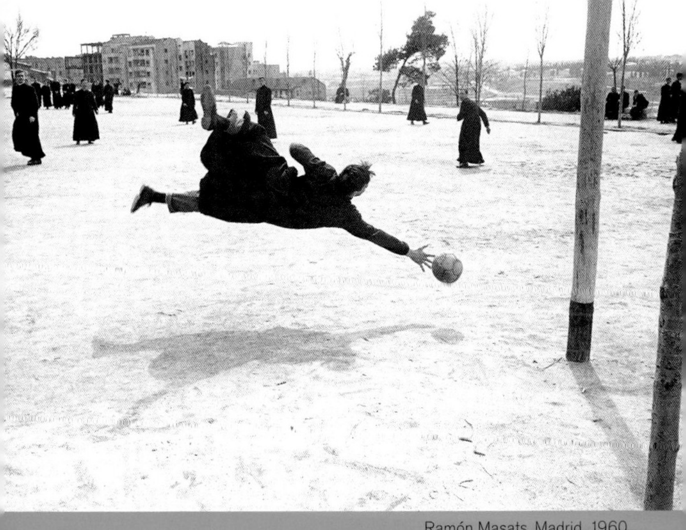

Ramón Masats. Madrid, 1960.

Biblioteca PHotoBolsillo

Colecciona los mejores libros
de la historia de la fotografía española

LA FABRICA

Biblioteca PHotoBolsillo

Ramón Masats / José Ortiz Echagüe / Chema Madoz /
Francesc Català-Roca / Alberto García-Alix / Nicolás Muller /
Cristina García Rodero / Agustí Centelles / Ricky Dávila /
Xavier Miserachs / Isabel Muñoz / Oriol Maspons / Ouka Leele /
Alfonso / Javier Vallhonrat / Humberto Rivas / Joan Fontcuberta /
Carlos Pérez Siquier / Toni Catany / Pablo Pérez Mínguez /
Manuel Vilariño / Miguel Trillo / Navia / Alberto Schommer /
Gabriel Cualladó / Ángel Marcos...

☐ DESEO SUSCRIBIRME A PHOTOBOLSILLO

Recibiré los diez próximos volúmenes que se publiquen por correo postal
(gastos de envío incluidos para España) al precio de **95€** y con esta oferta,
me beneficio de 13% de descuento sobre el precio en librerías.

Para suscribirte, rellena este boletín y mándalo a
La Fábrica (Suscripciones),
c/ Verónica, 13, 28014 Madrid, o bien
escribe un e-mail a **suscripciones@lafabrica.com**
o llama al teléfono 91 360 09 24.
También puedes hacerlo directamente en **www.lafabricaeditorial.com**

Para formalizar tu suscripción necesitamos los siguientes datos:

■ Nombre y apellidos ____

■ Dirección de envío ____

■ Teléf. / e-mail ____

■ Datos bancarios para la domiciliación del recibo:

Entidad | | | | | Oficina | | | | | DC | | | N.º Cuenta | | | | | | | | | | |

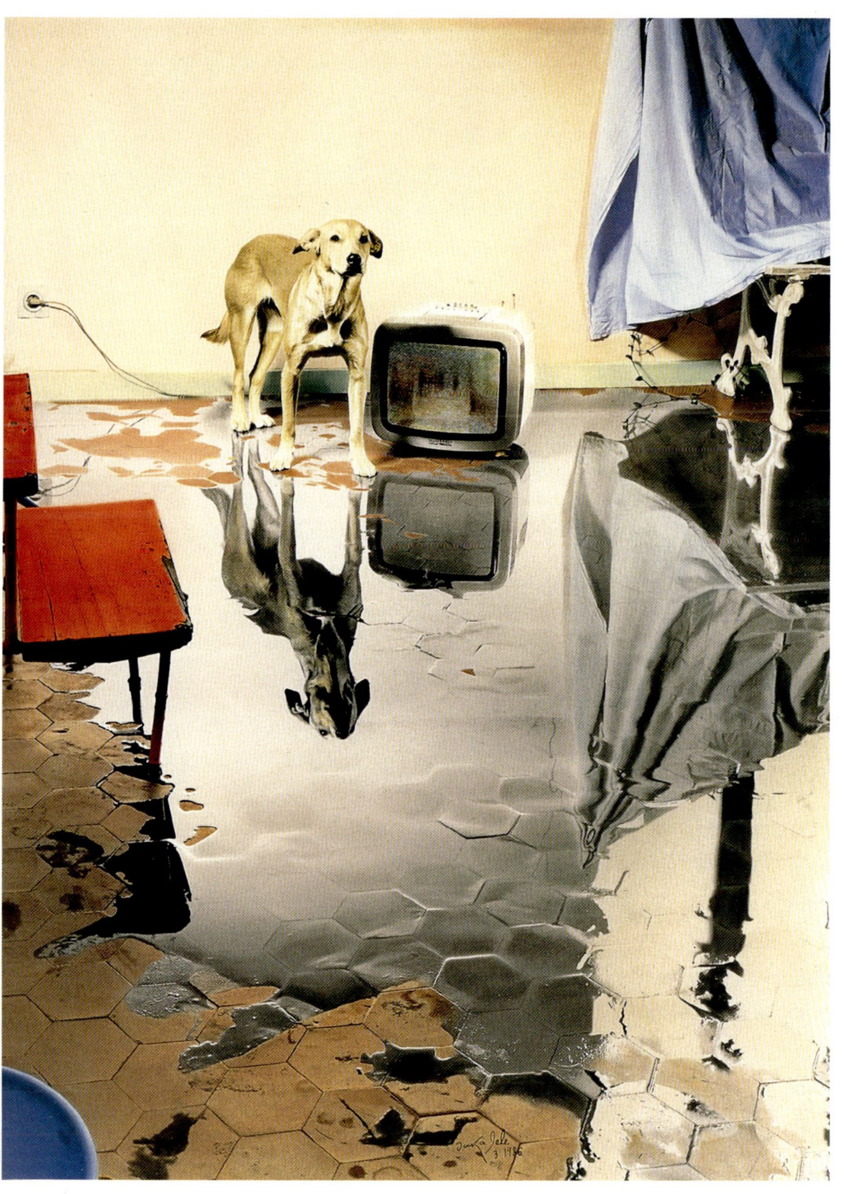

20. Me levanto por la mañana, hay un gran charco en mi casa, 1986

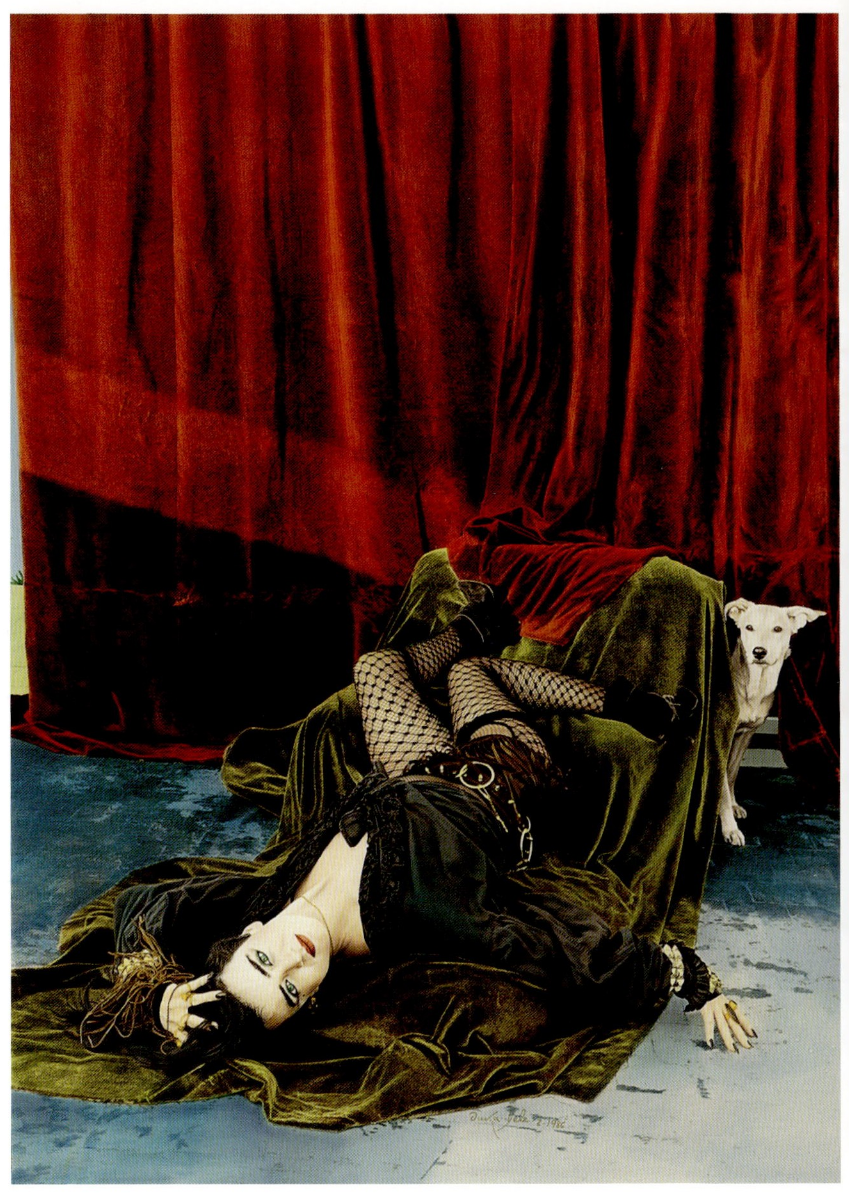

21. Retrato de Ana Curra, 1986

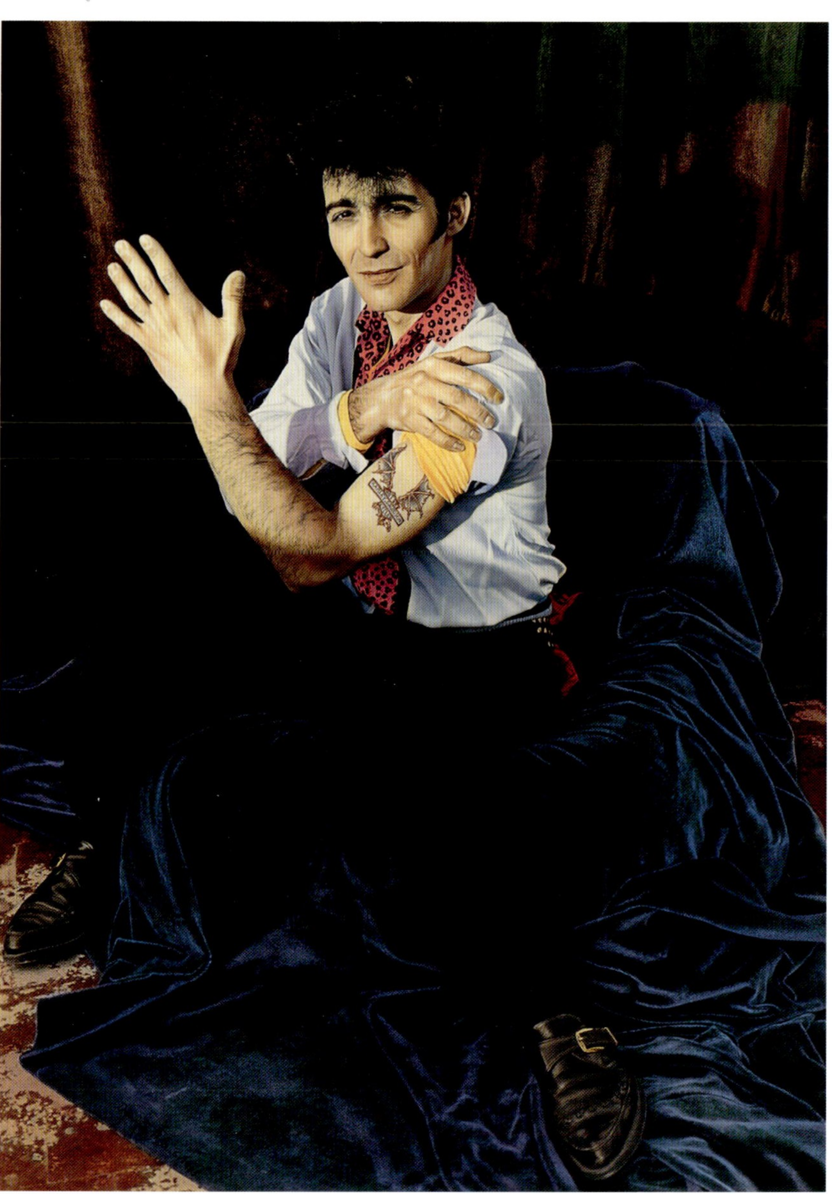

22. Retrato del fotógrafo García-Alix, 1986

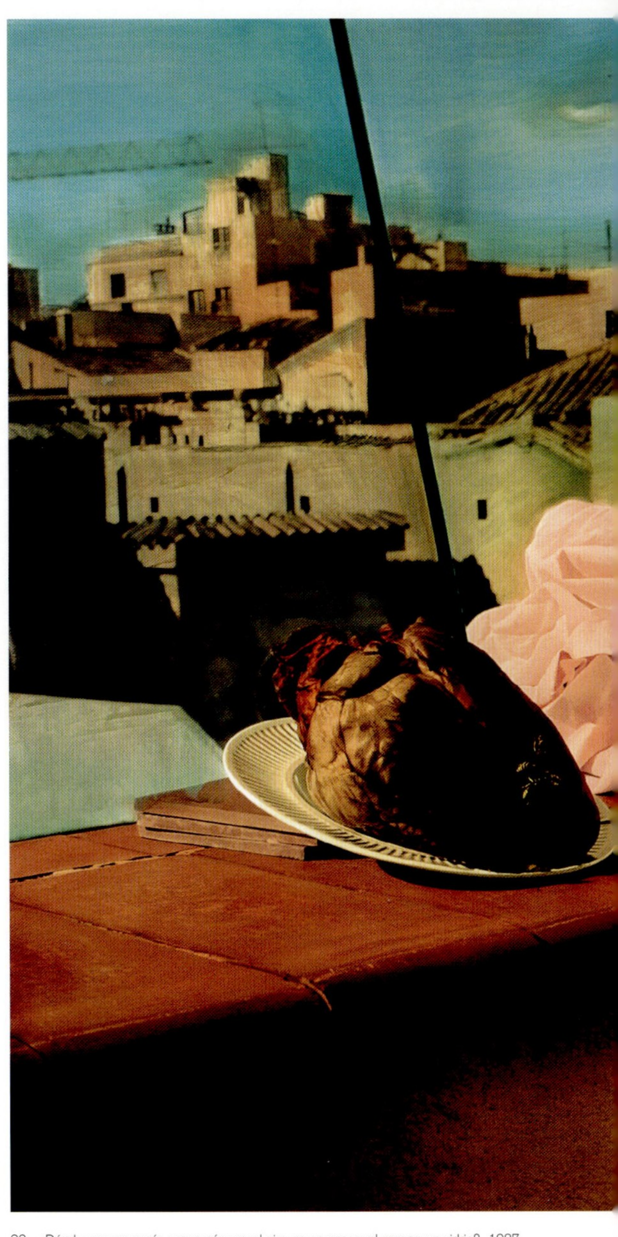

23. ¿Dónde vas amor mío, amor mío con el aire en un vaso y el mar en un vidrio?, 1987

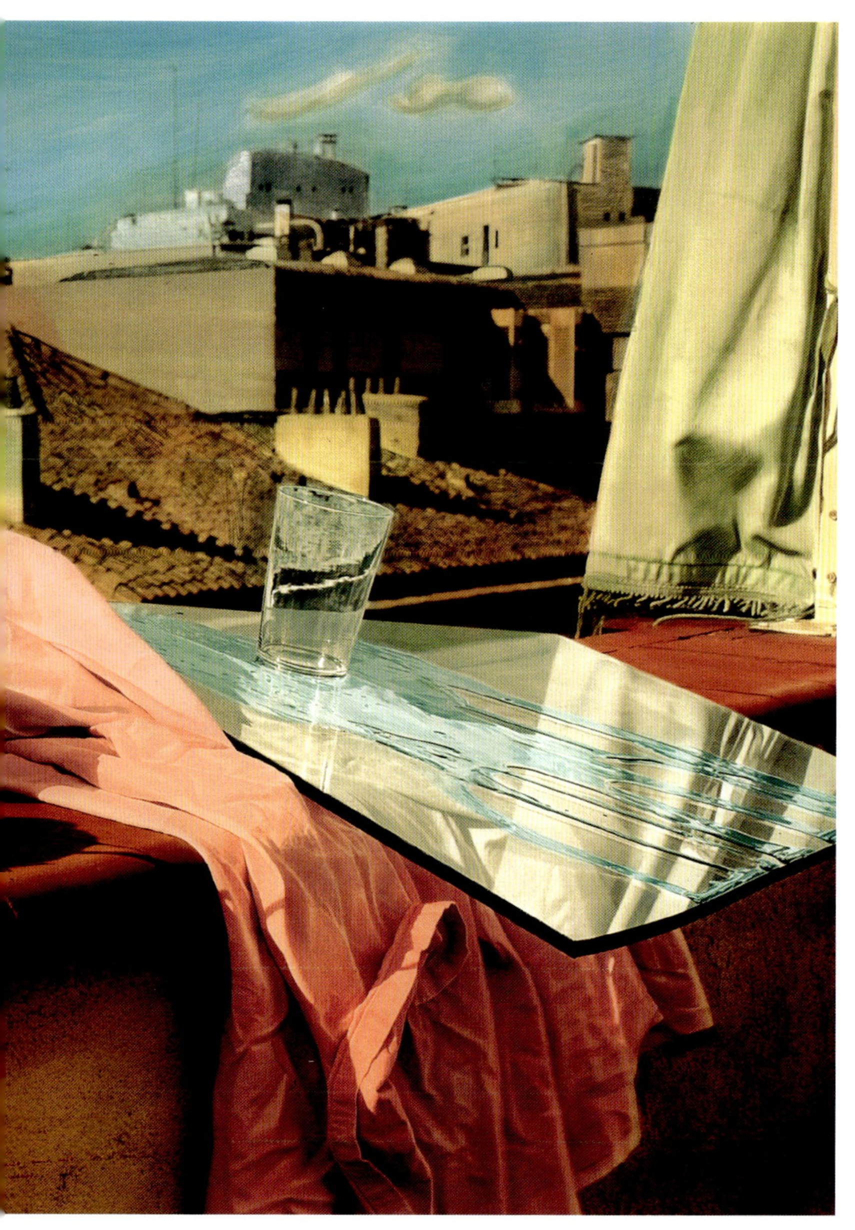

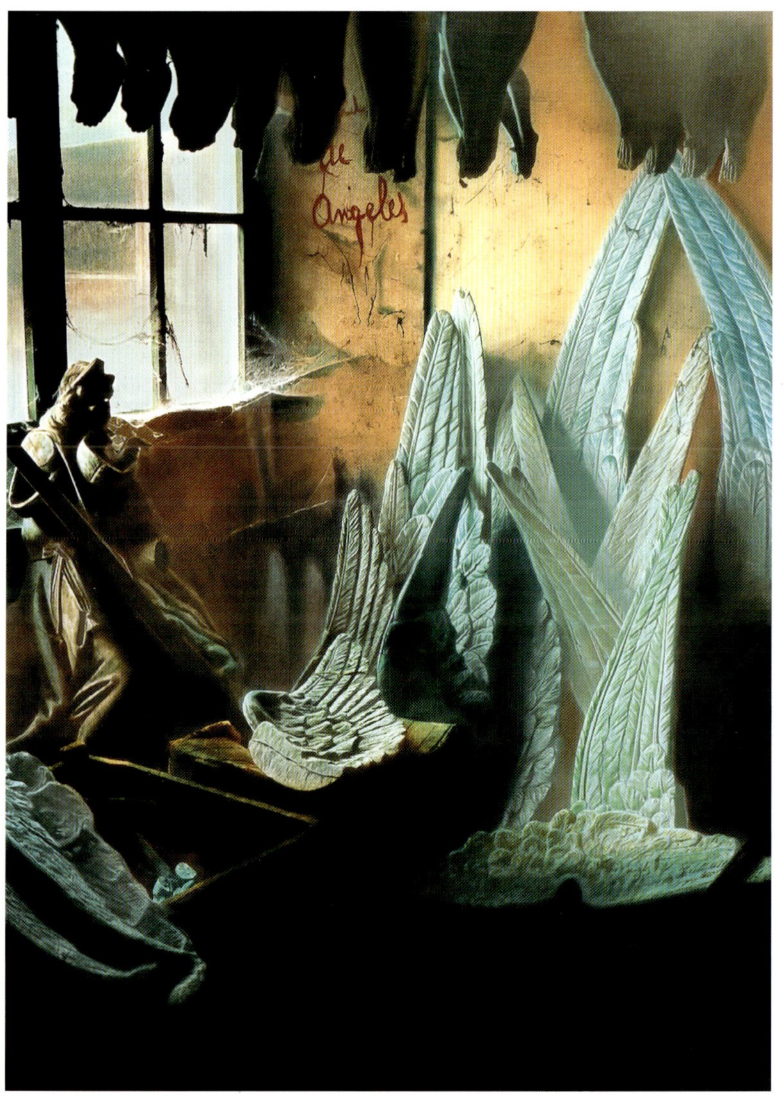

24. Volaverunt, 1988

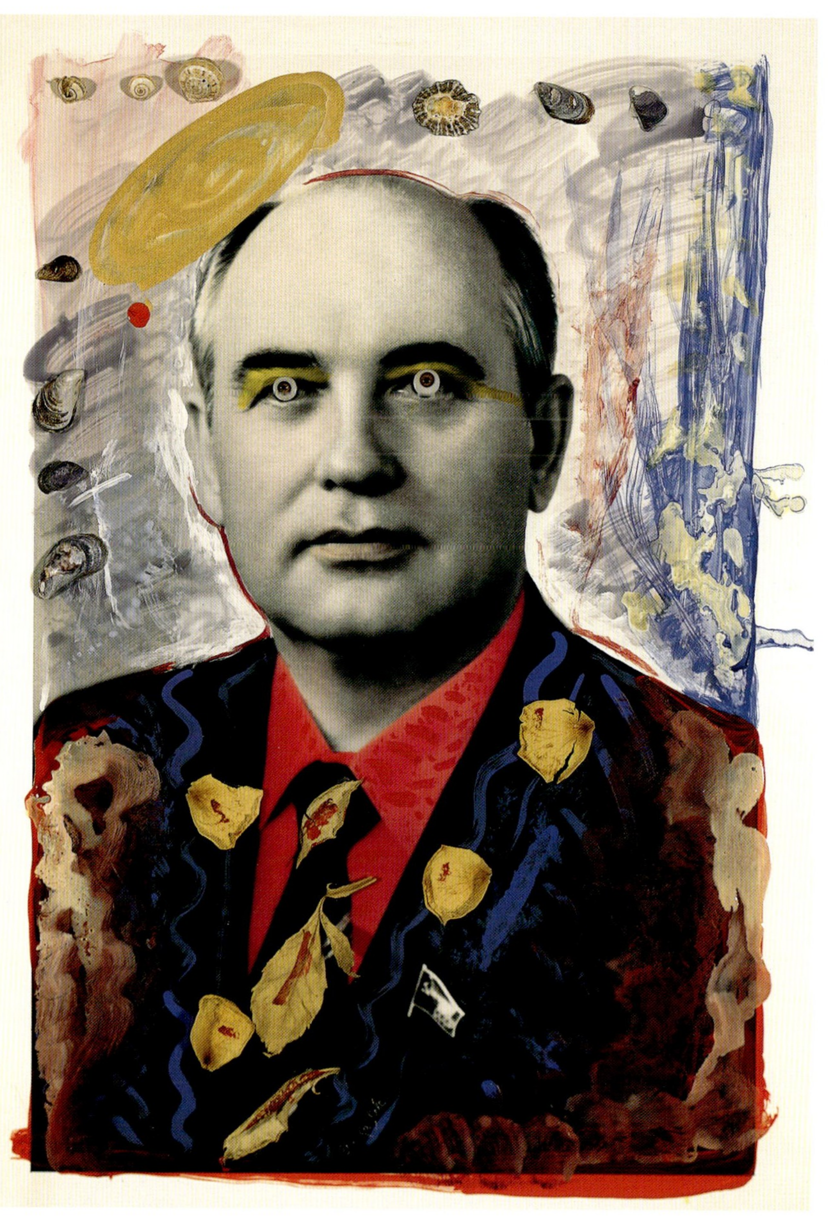

25. Retrato de Gorbachov, 1990

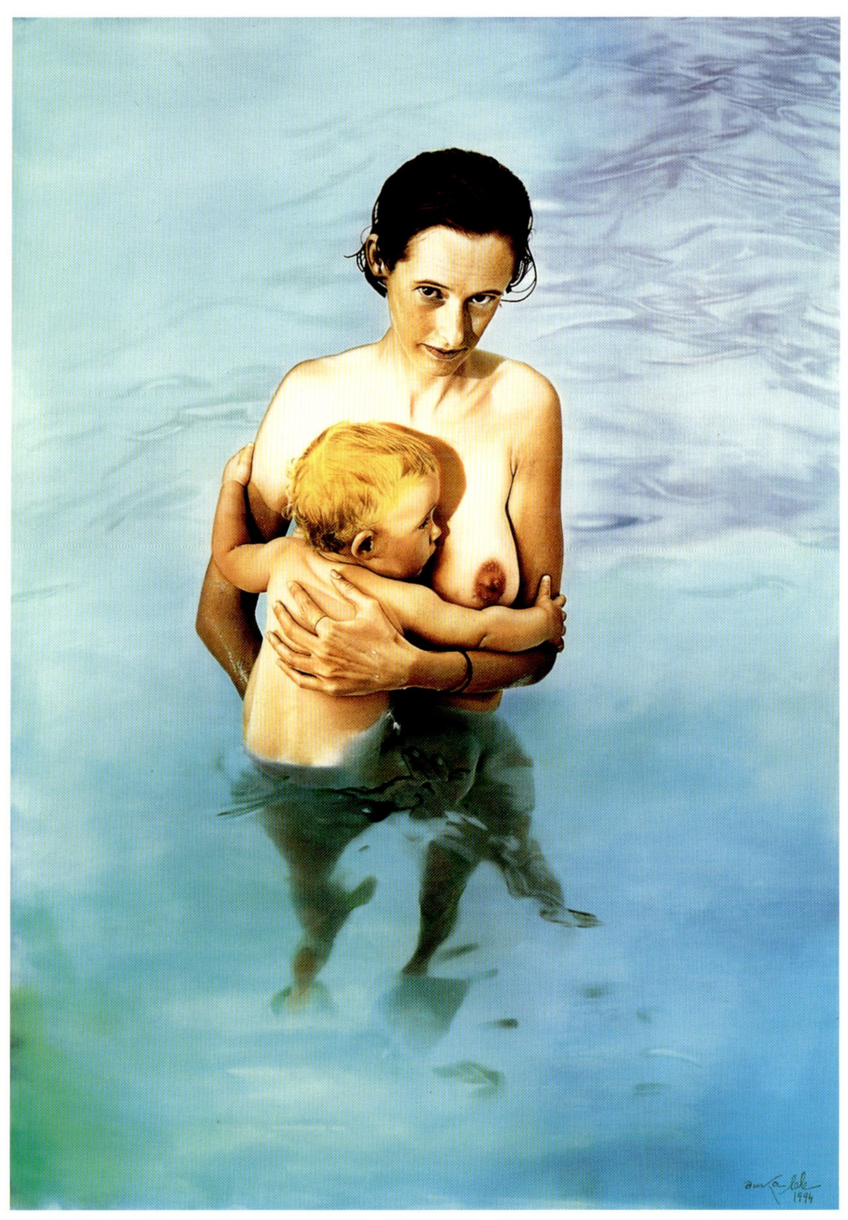

26. Aguas Nutricias, 1994

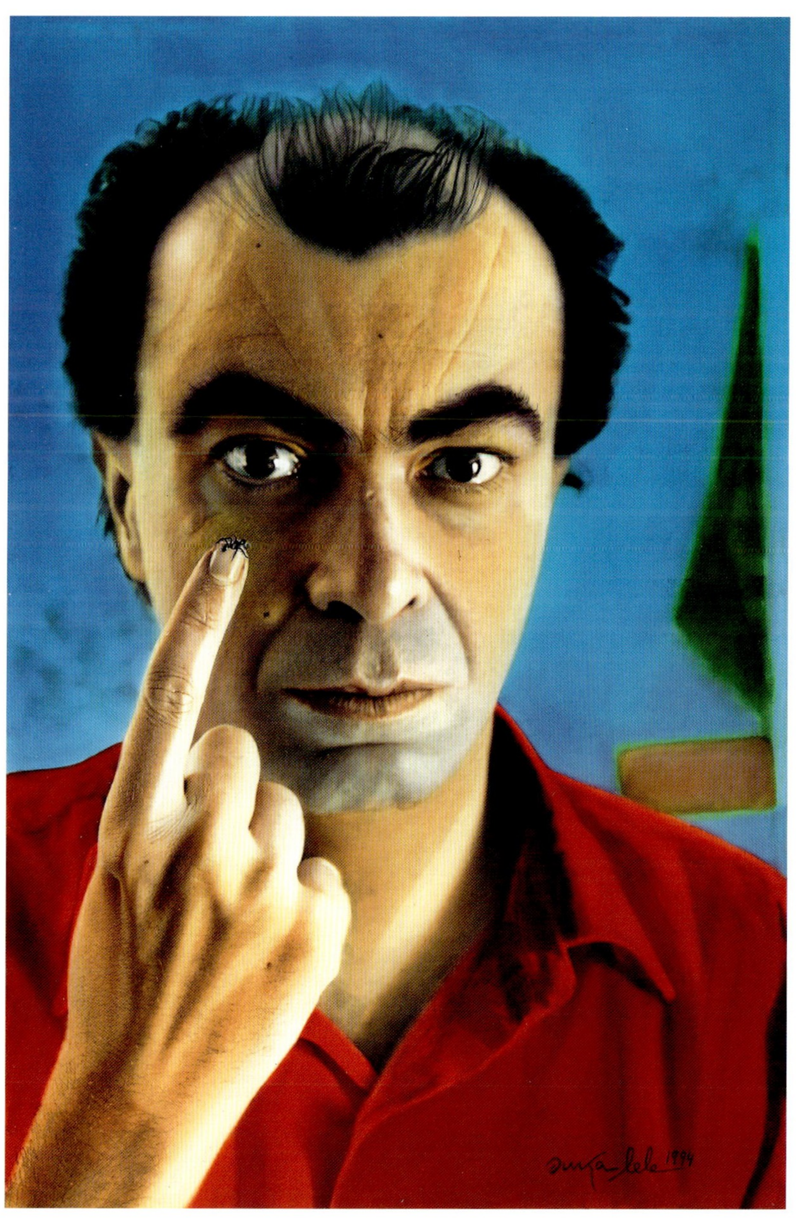

27. El Hortelano y la hormiga, 1994

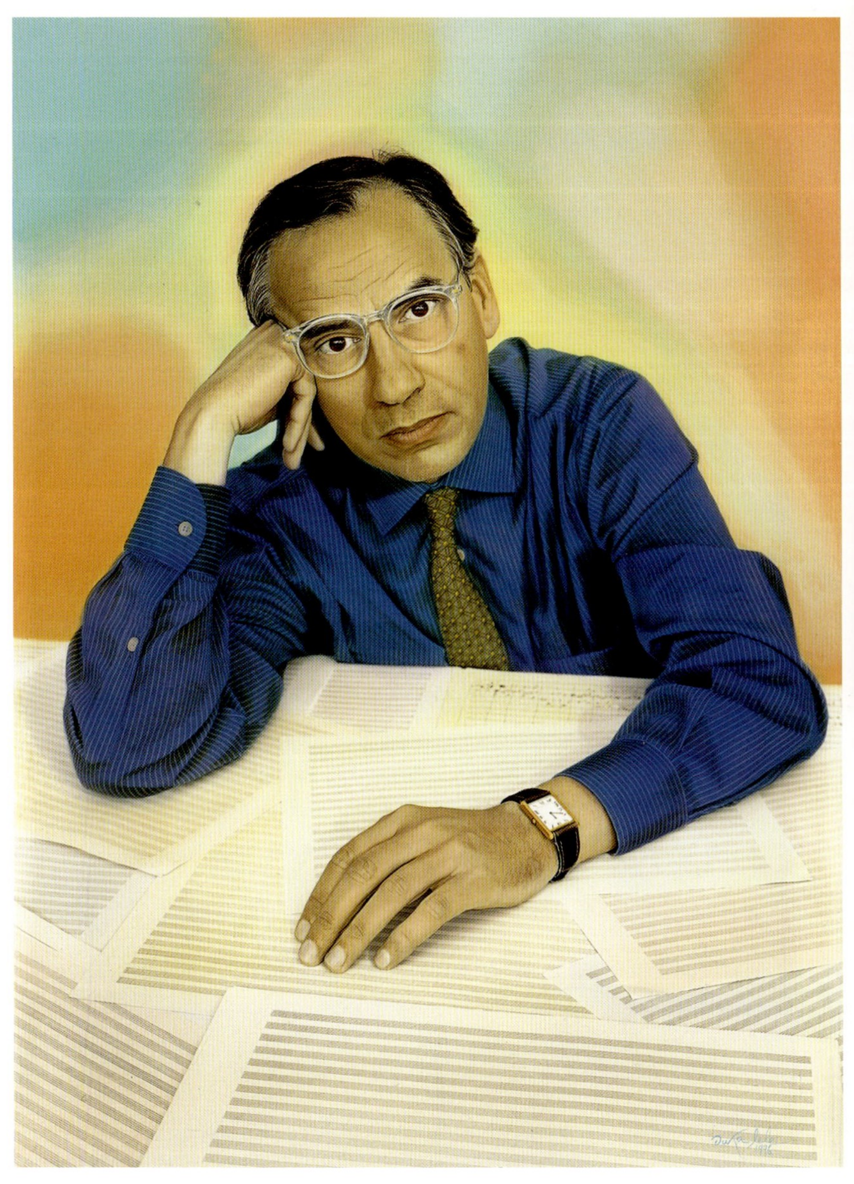

28. Retrato de Alfonso Guerra, 1996

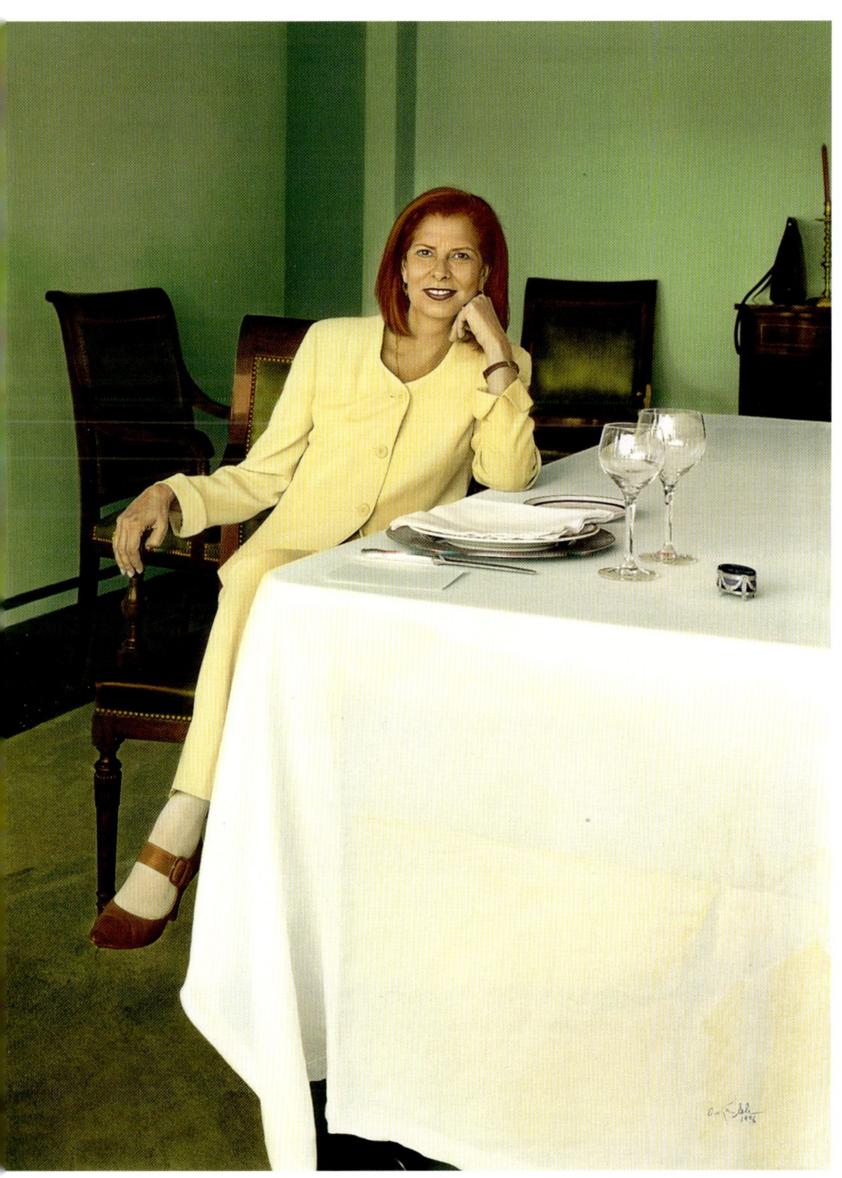

29. Retrato de Carmen Alborch, 1996

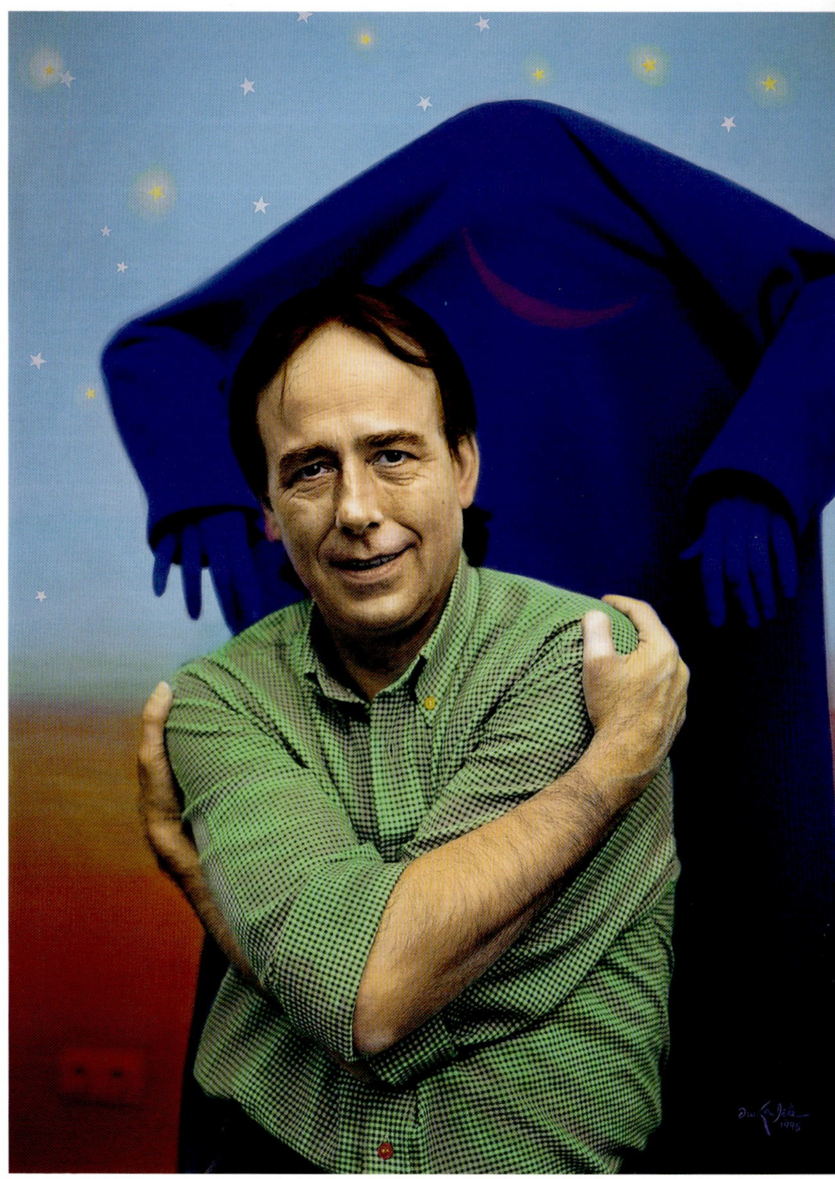

30. Retrato de Joan Manuel Serrat, 1996

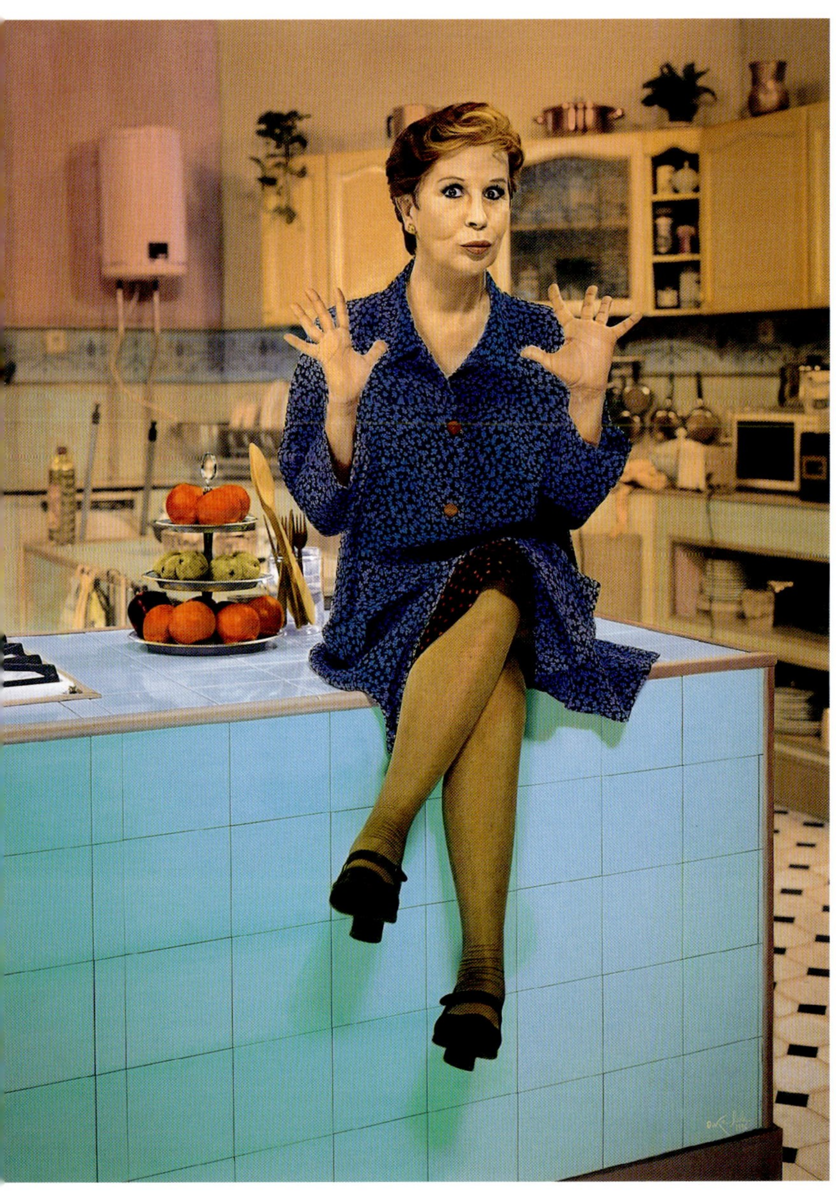

31. Retrato de Lina Morgan, 1996

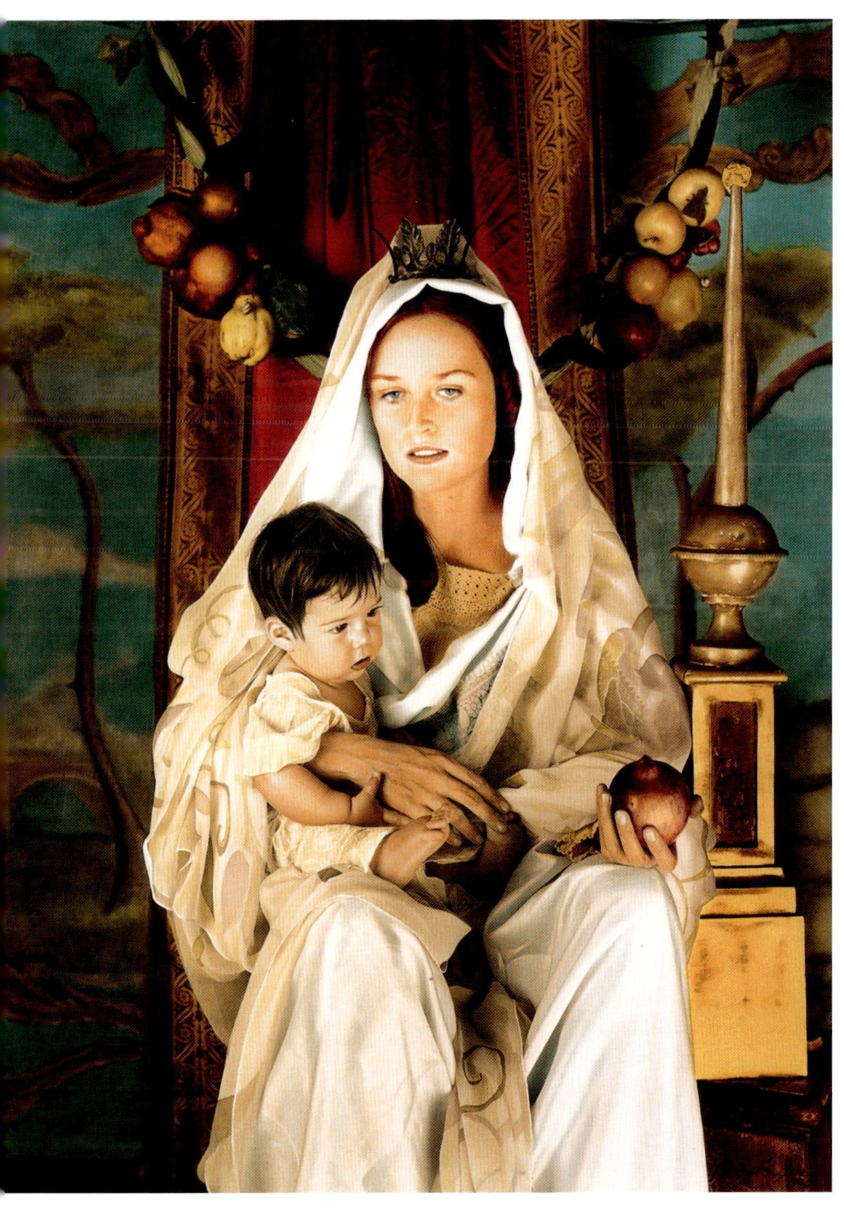

32. El niño la está mirando, 1996

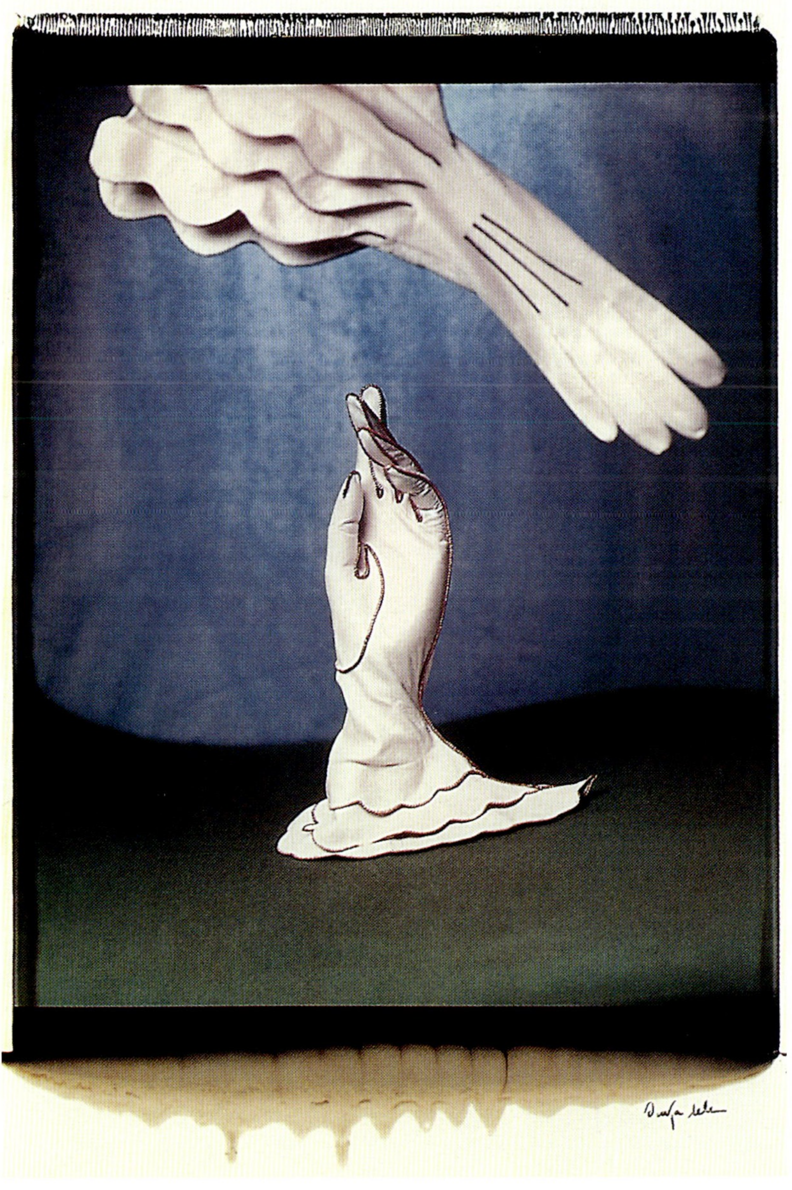

33. Flamenco, 1988

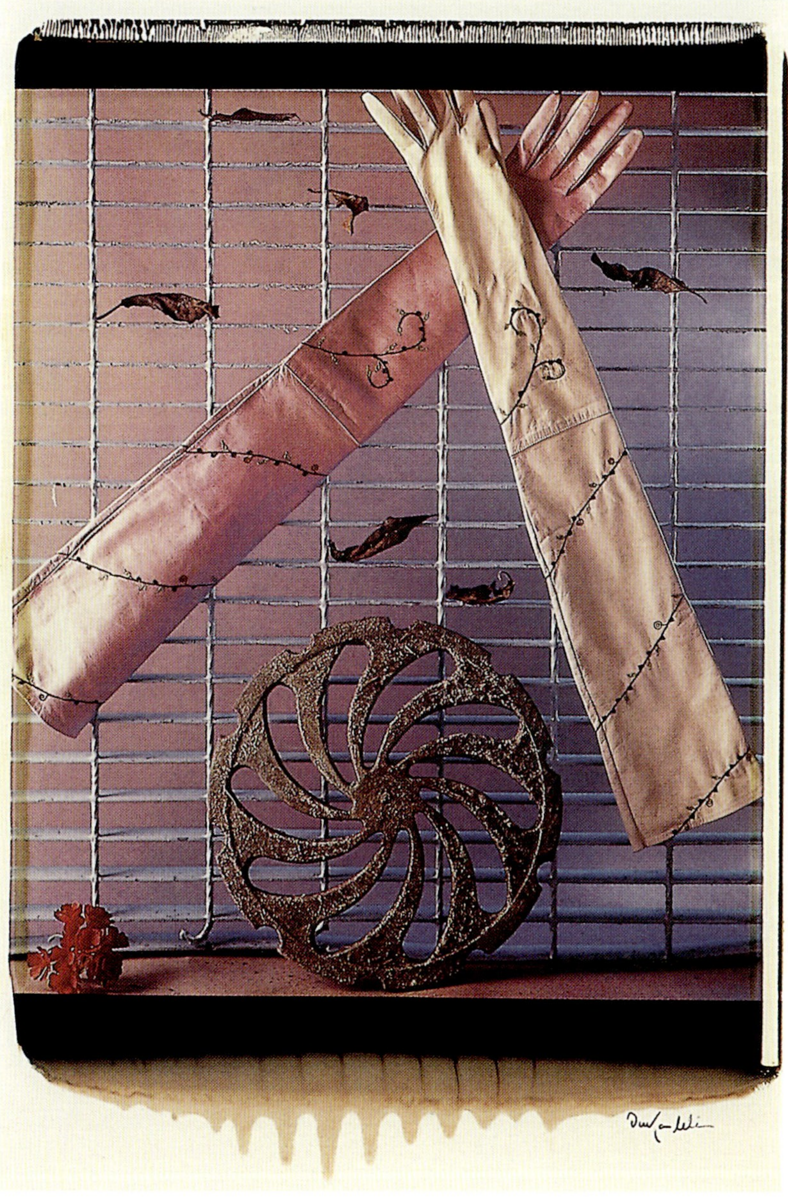

34. La rueda de la fortuna, 1988

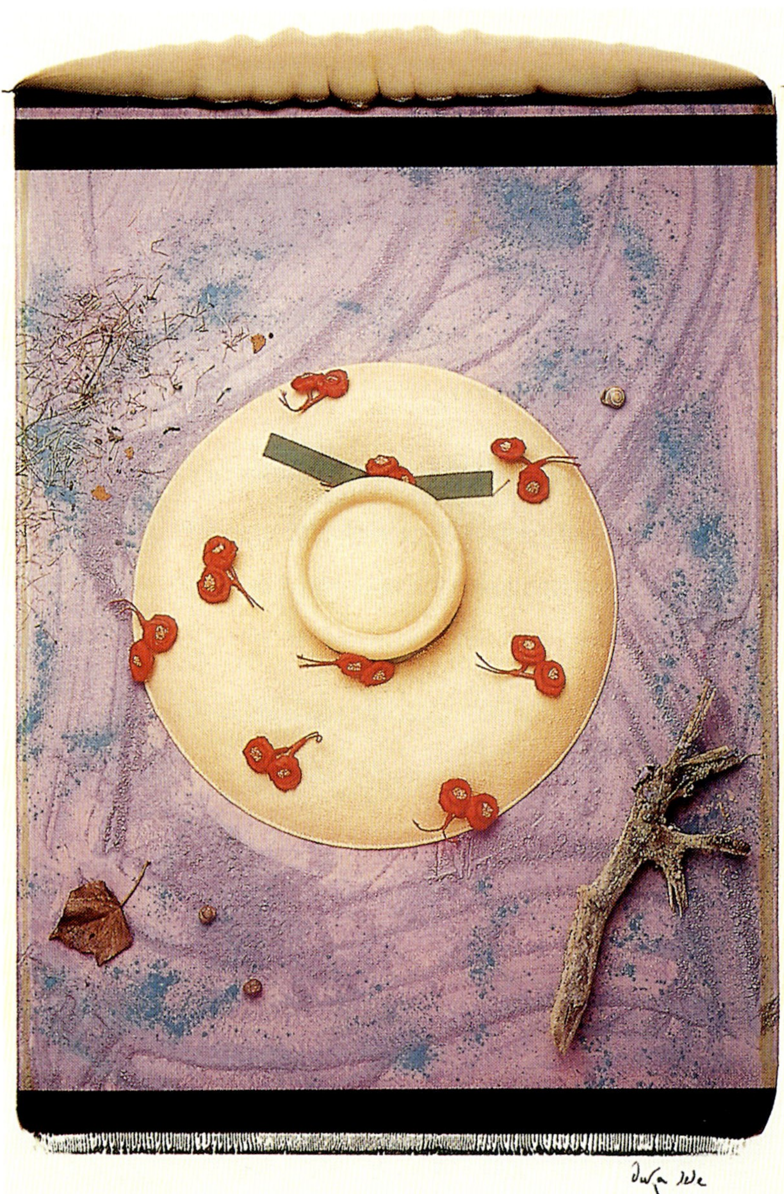

35. Azul y violeta, 1988

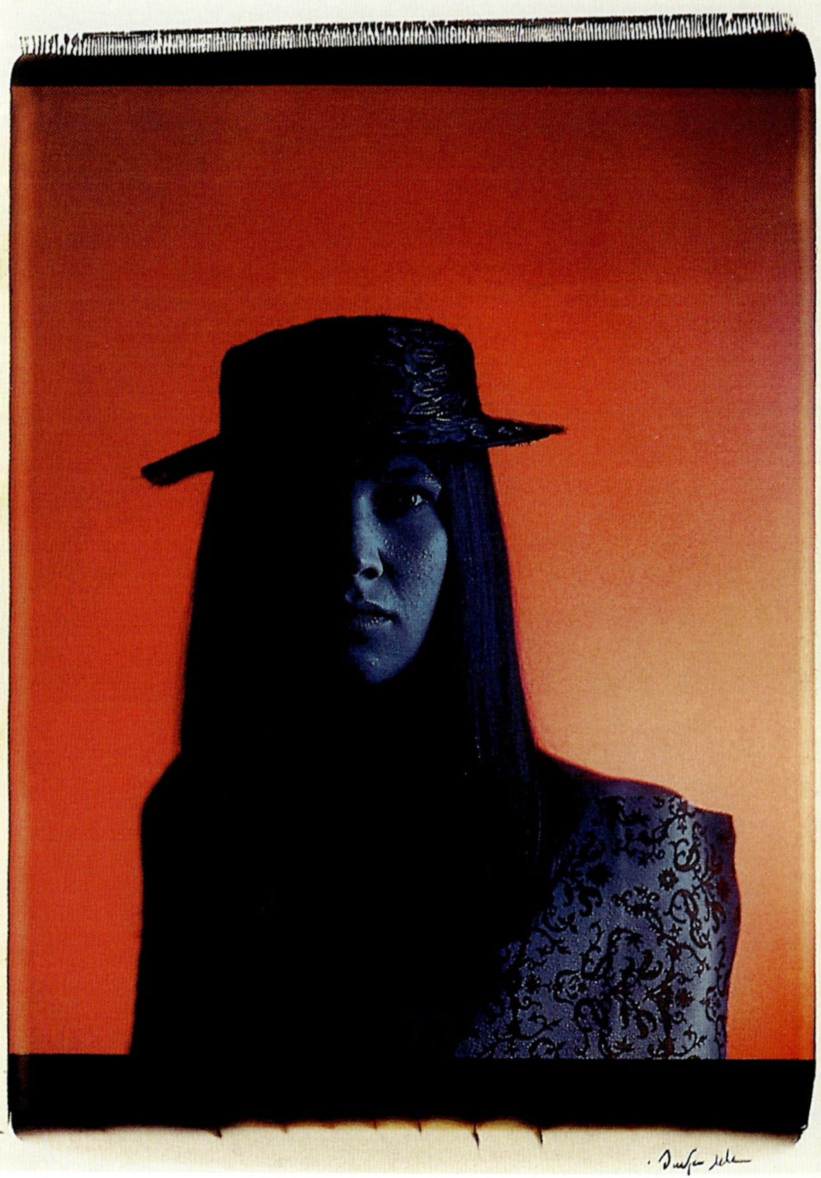

36. Retrato francés en azules sobre fondo rojo, 1988

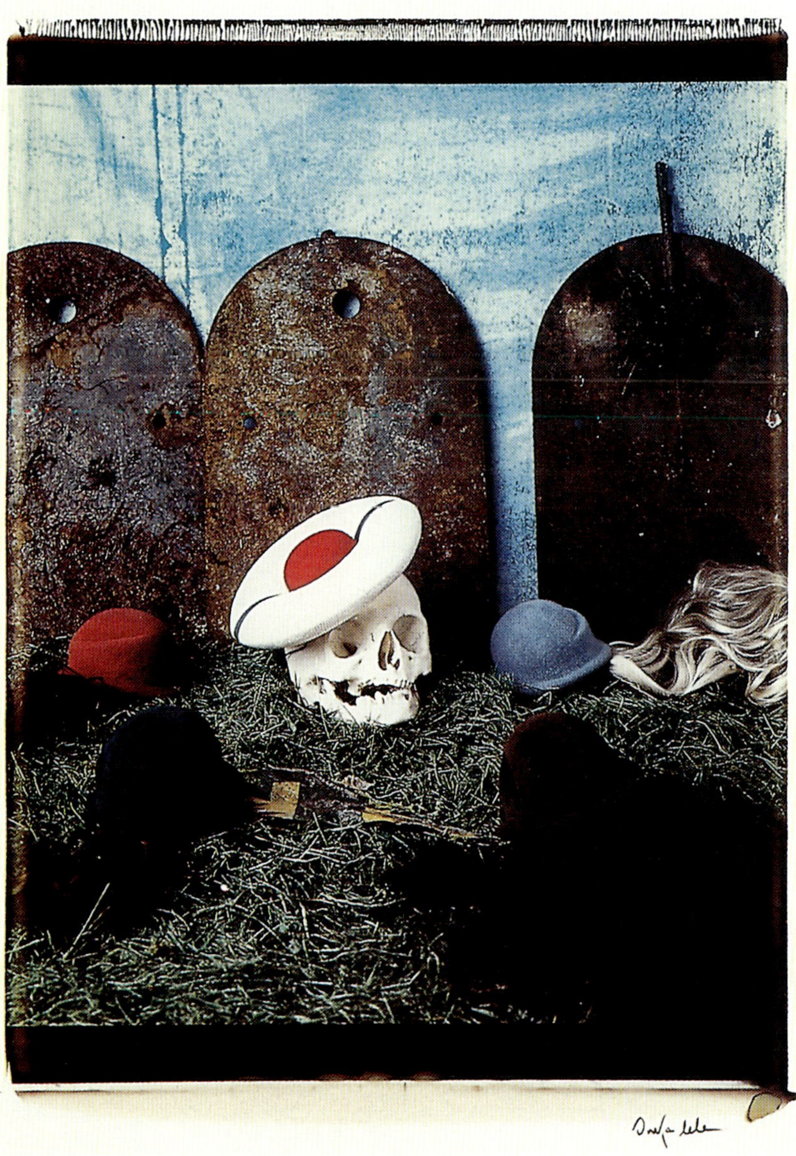

37. Don Juan, 1988

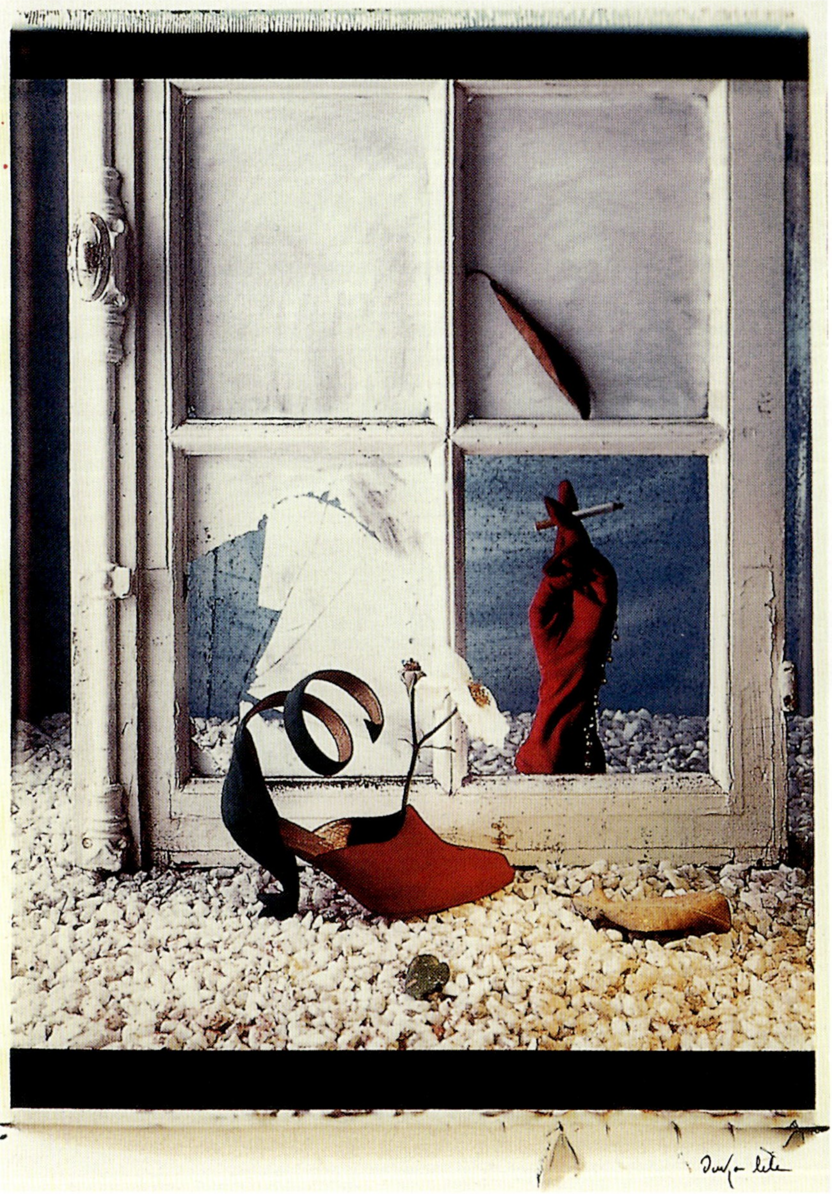

38. Fumando espero, 1988

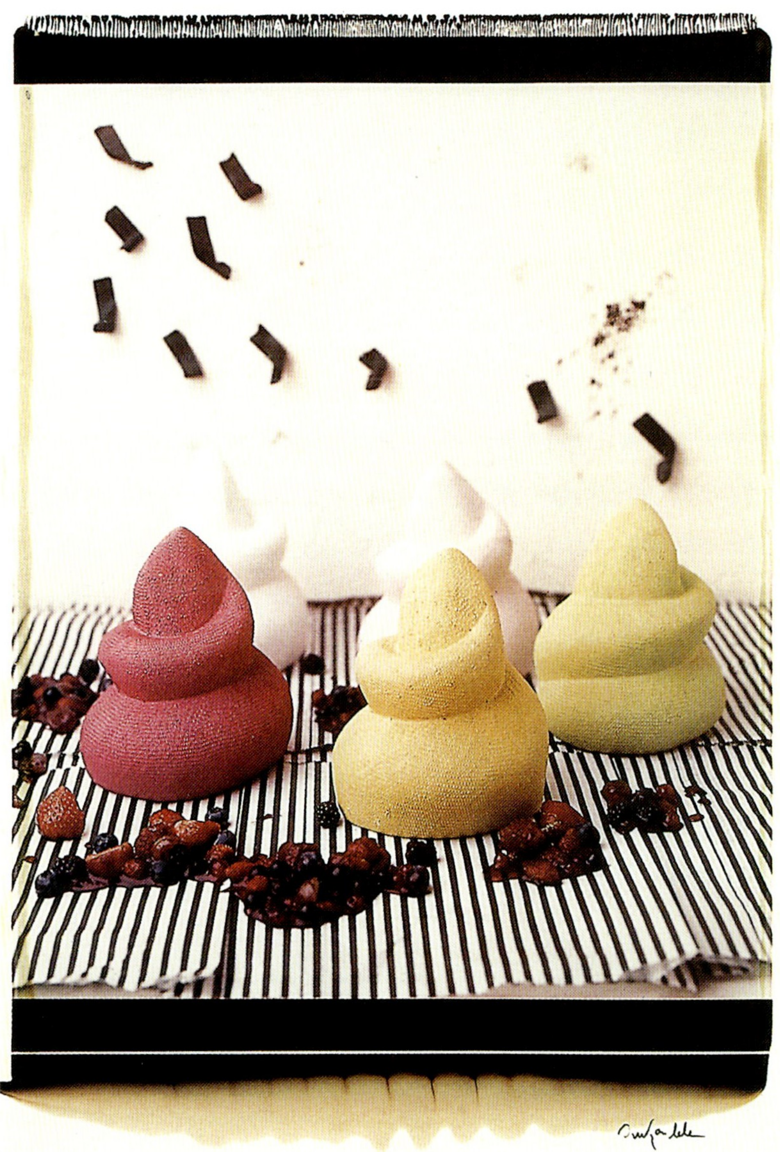

39. Merenguetos por sombrero, 1988

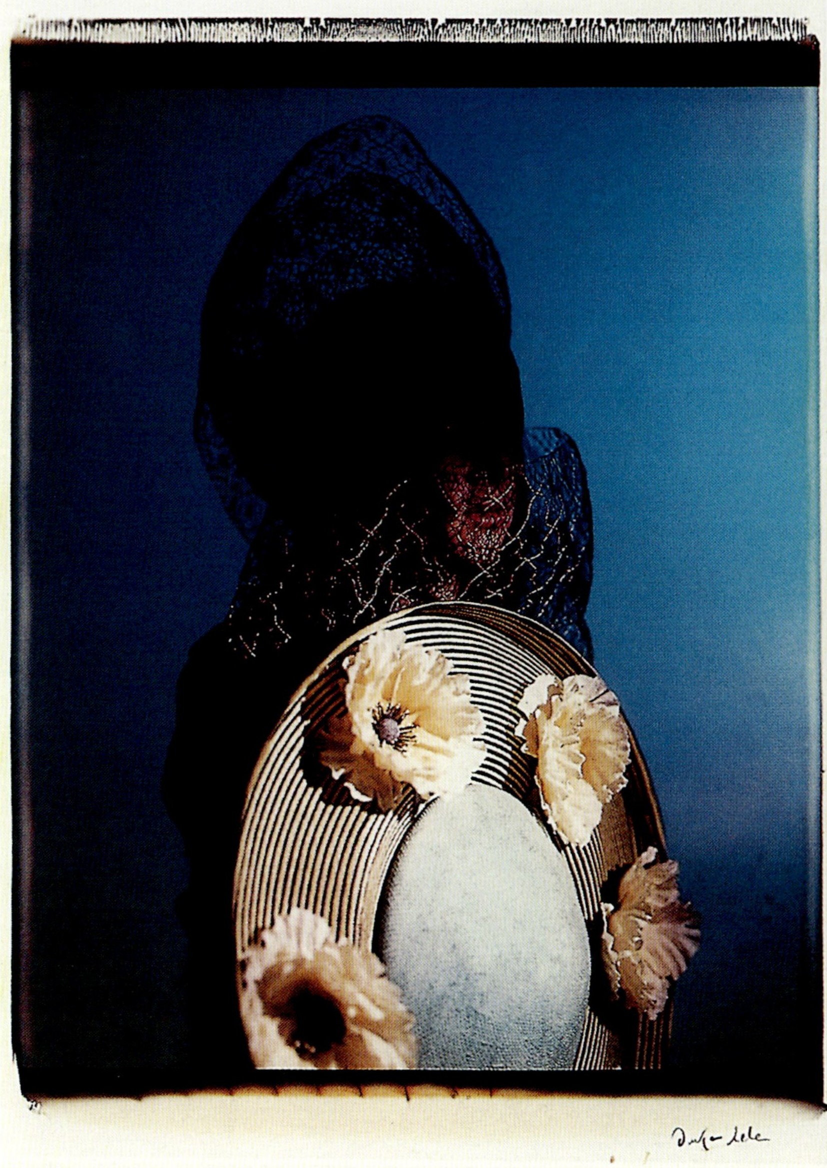

40. Nuestra señora, 1988

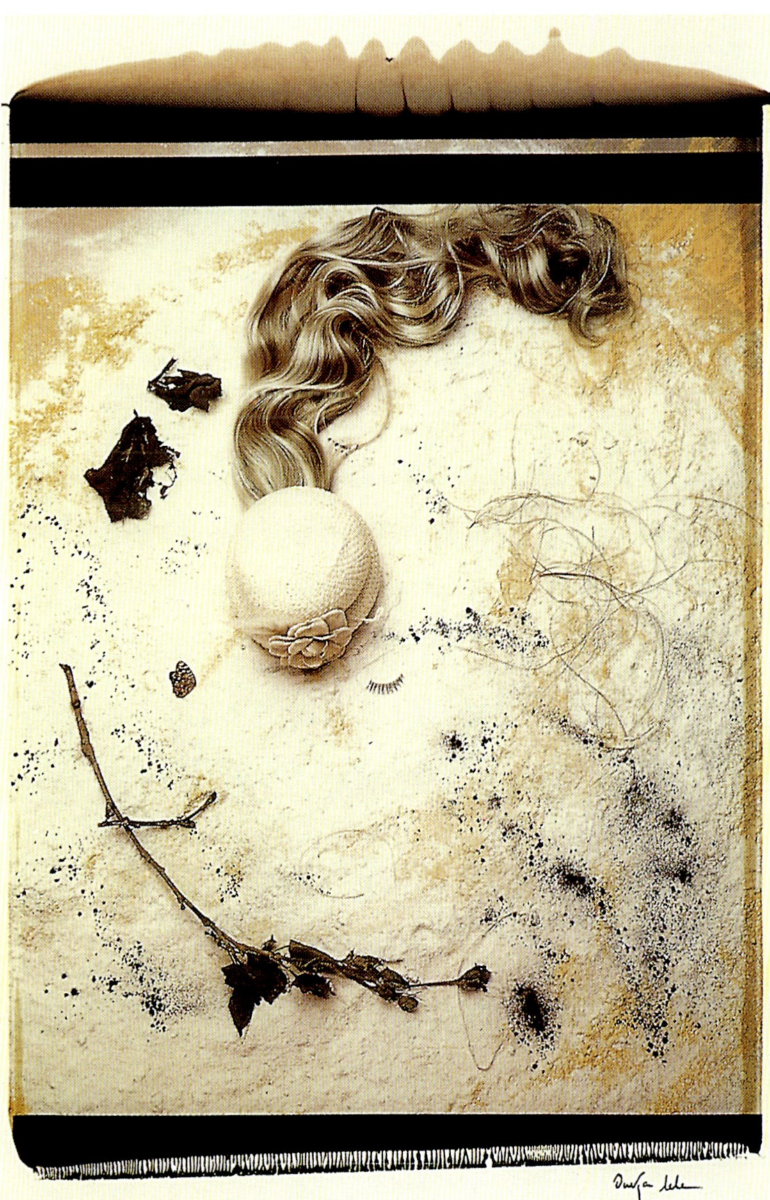

41. Damisela, 1988

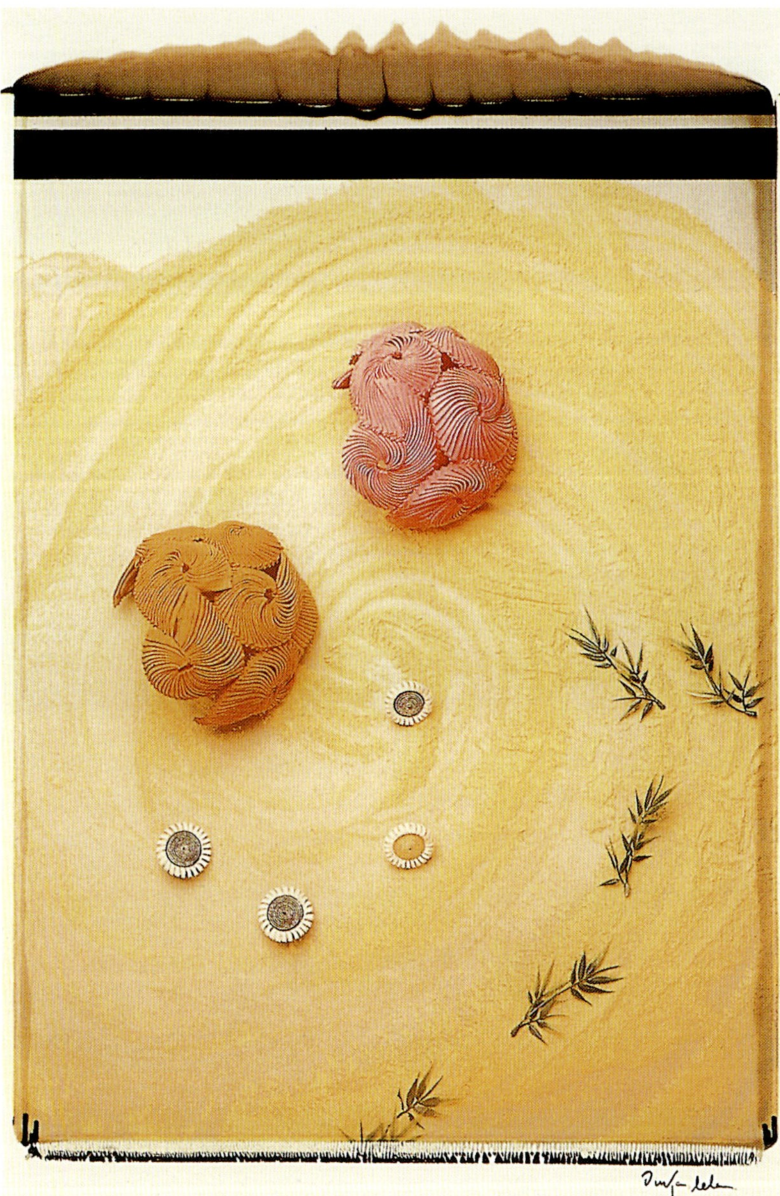

42. Espiral amarilla, 1988

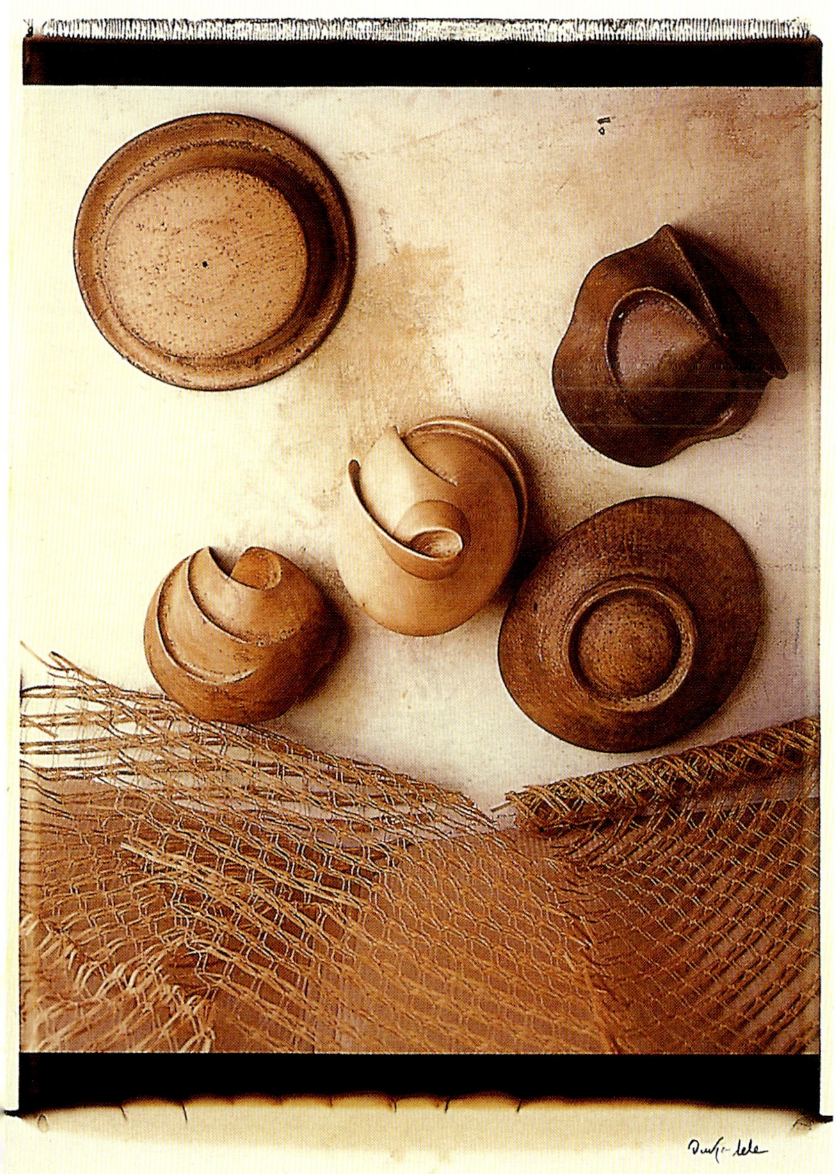

43. Moldes de madera, 1988

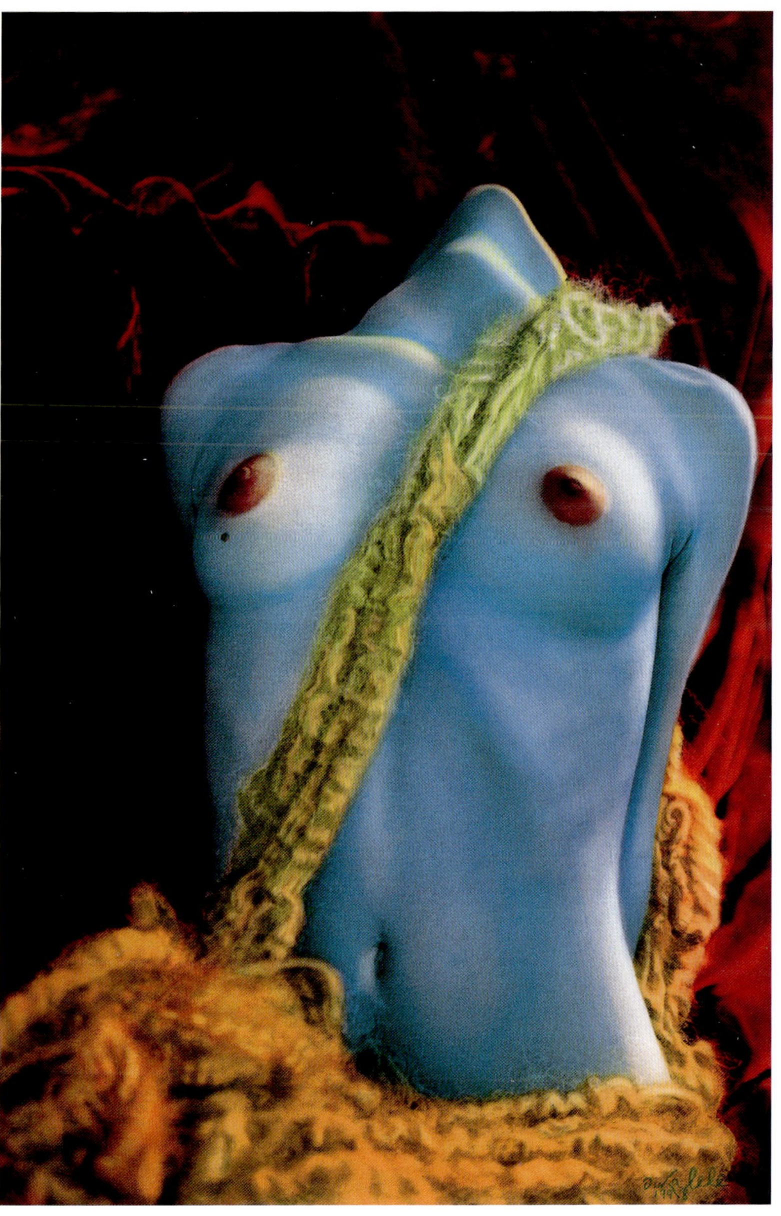

44. Del color de la Diosa, 1998

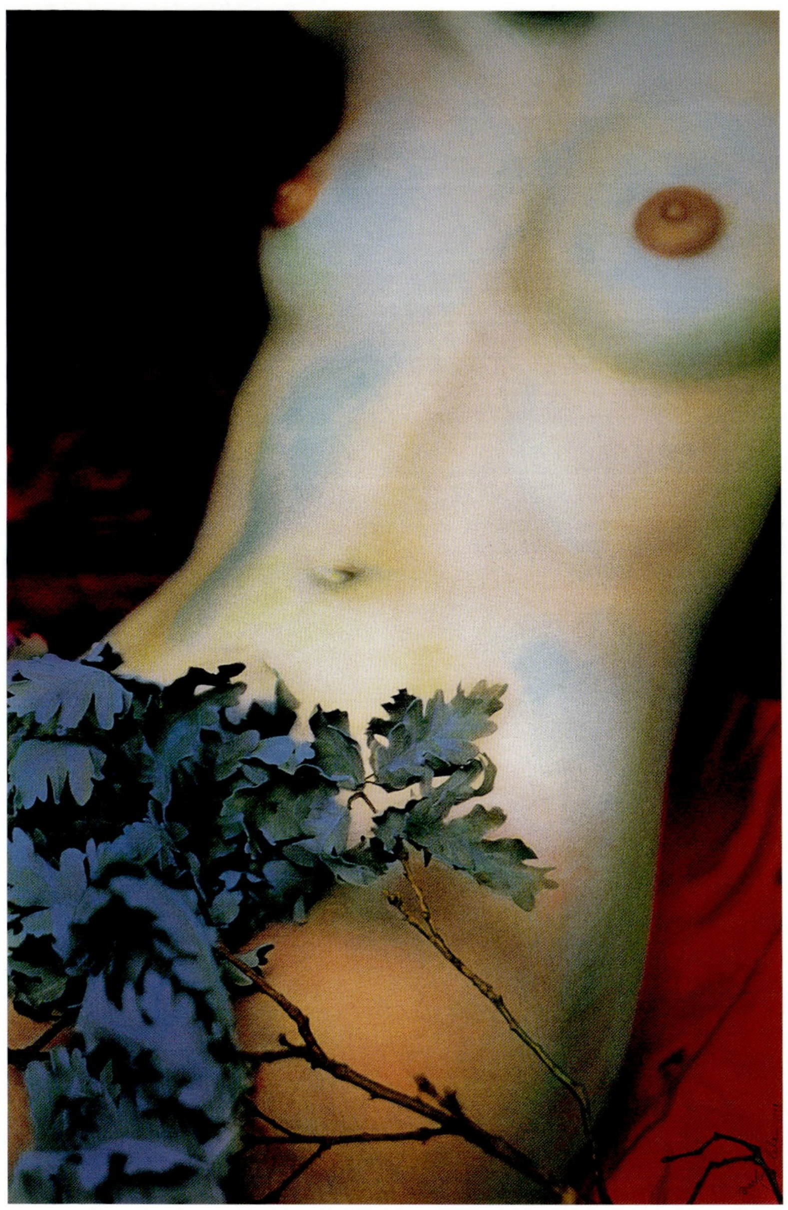

45. Venus, 1998

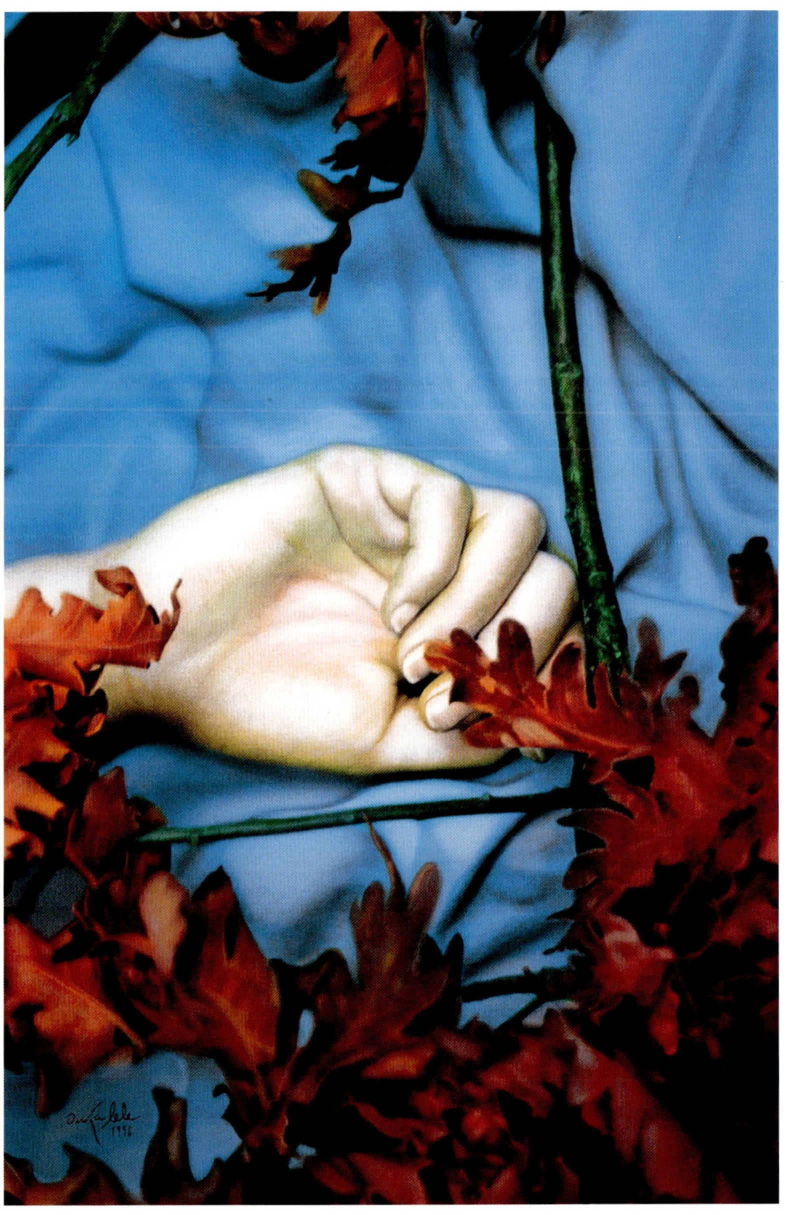

46. ¿Dónde te escondiste, amada?, 1998

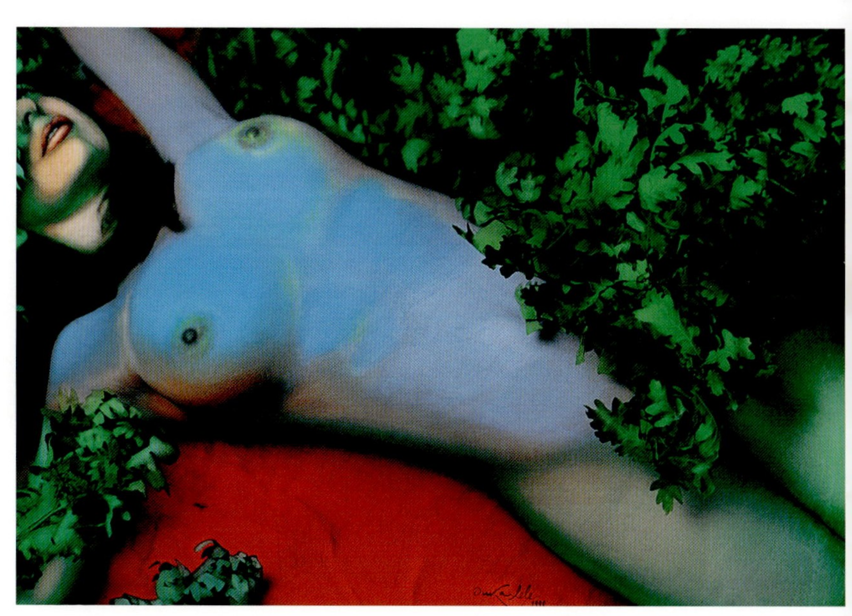

47. Cuna de piel, 1998

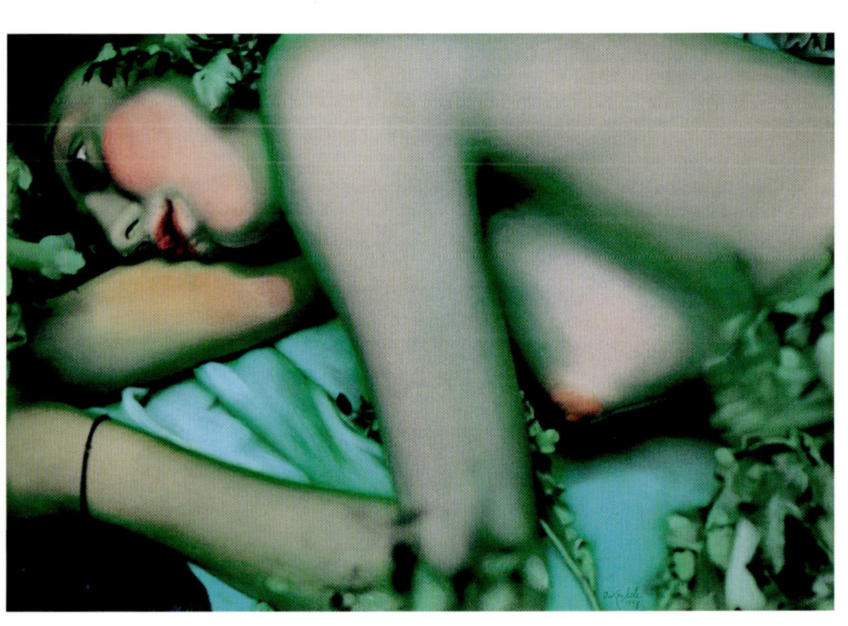

48. Sonrojo, 1998

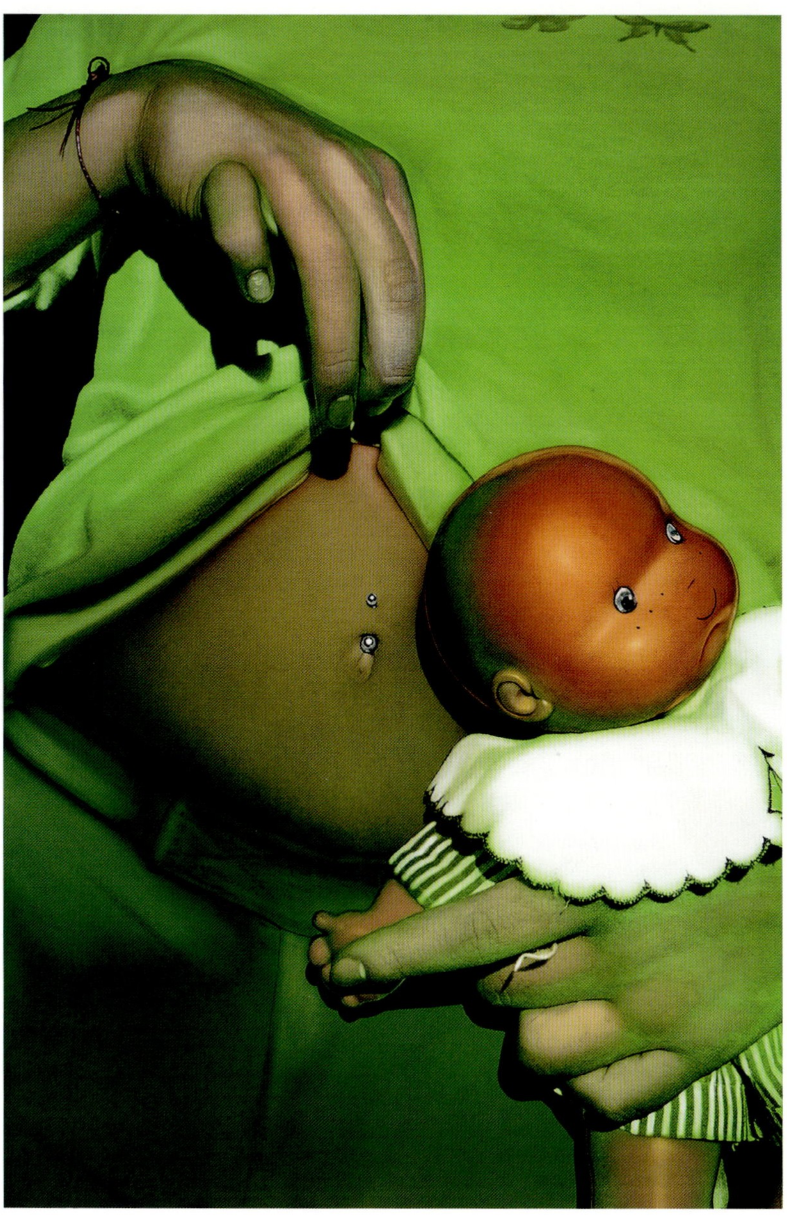

49. La poupée et le pearcing, 2000

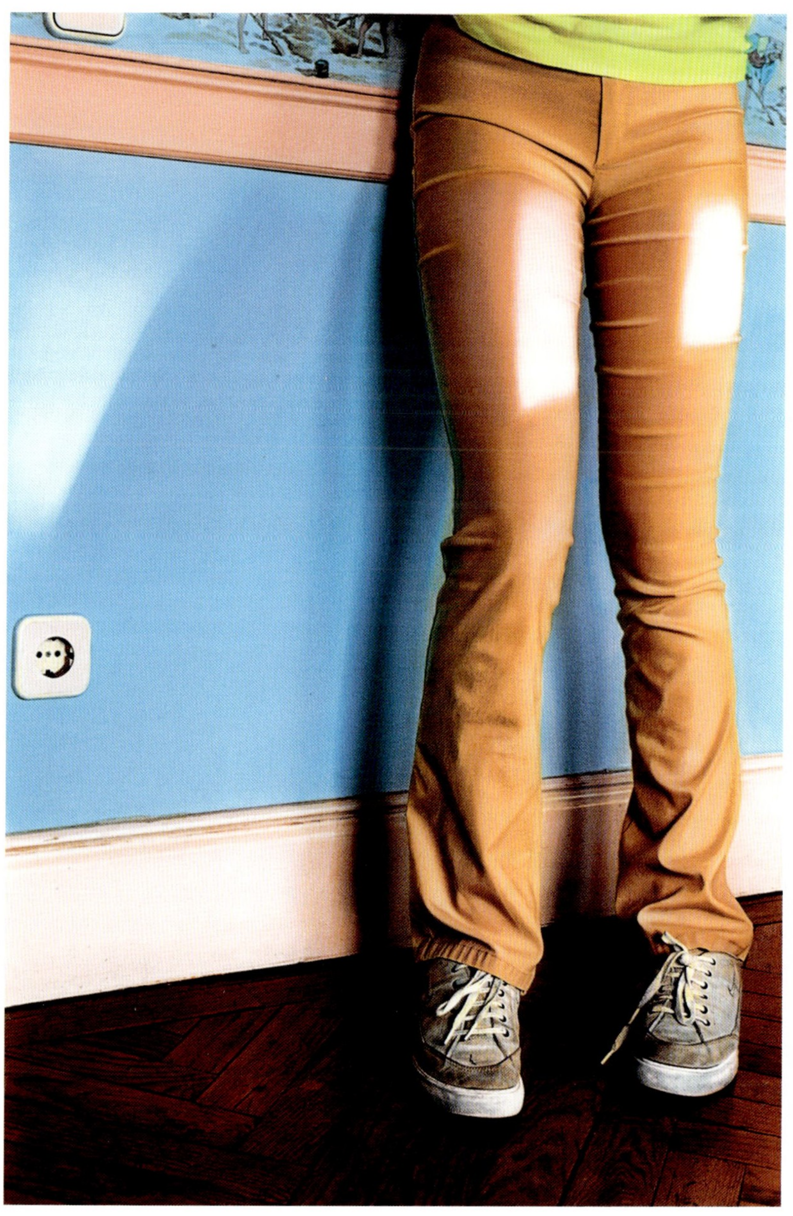

50. ah mes chaussures!, 2000

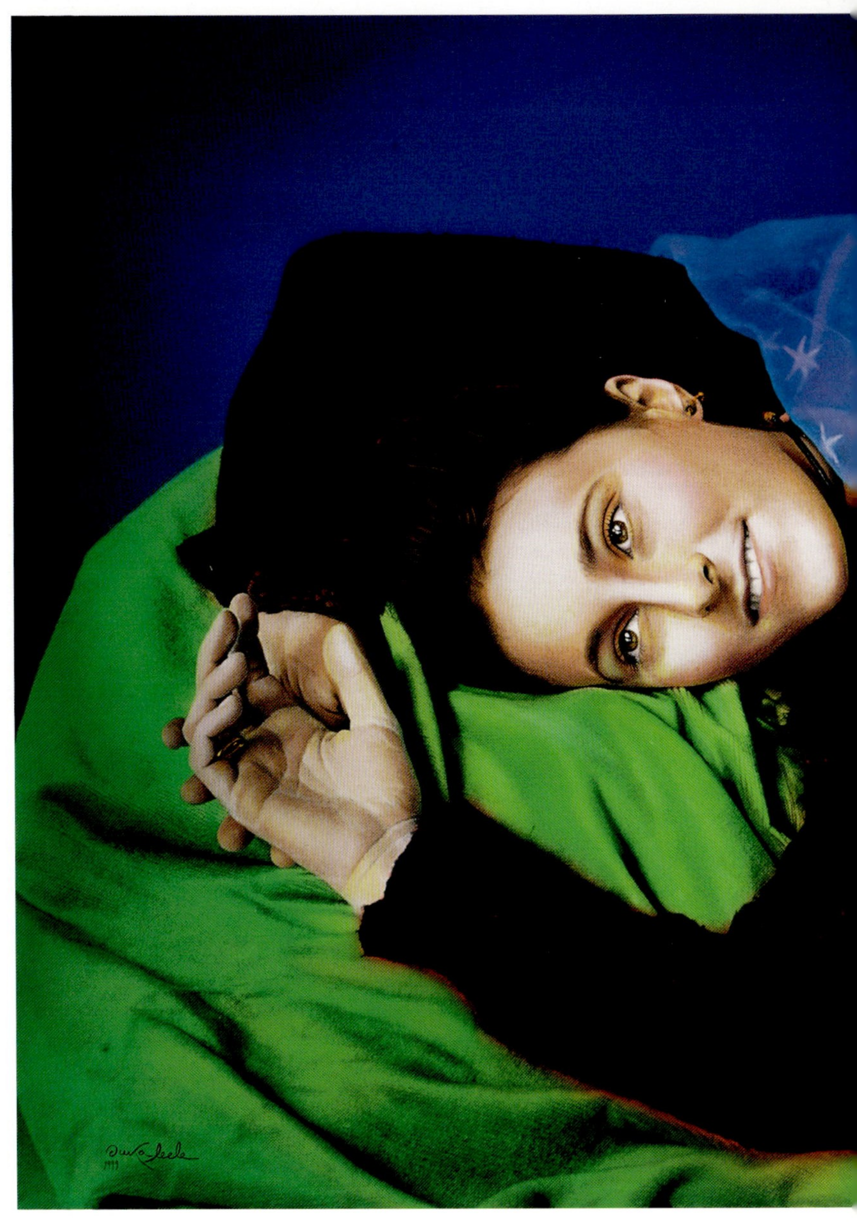

51. Retrato de Bárbara Iserte Aznar, 1999

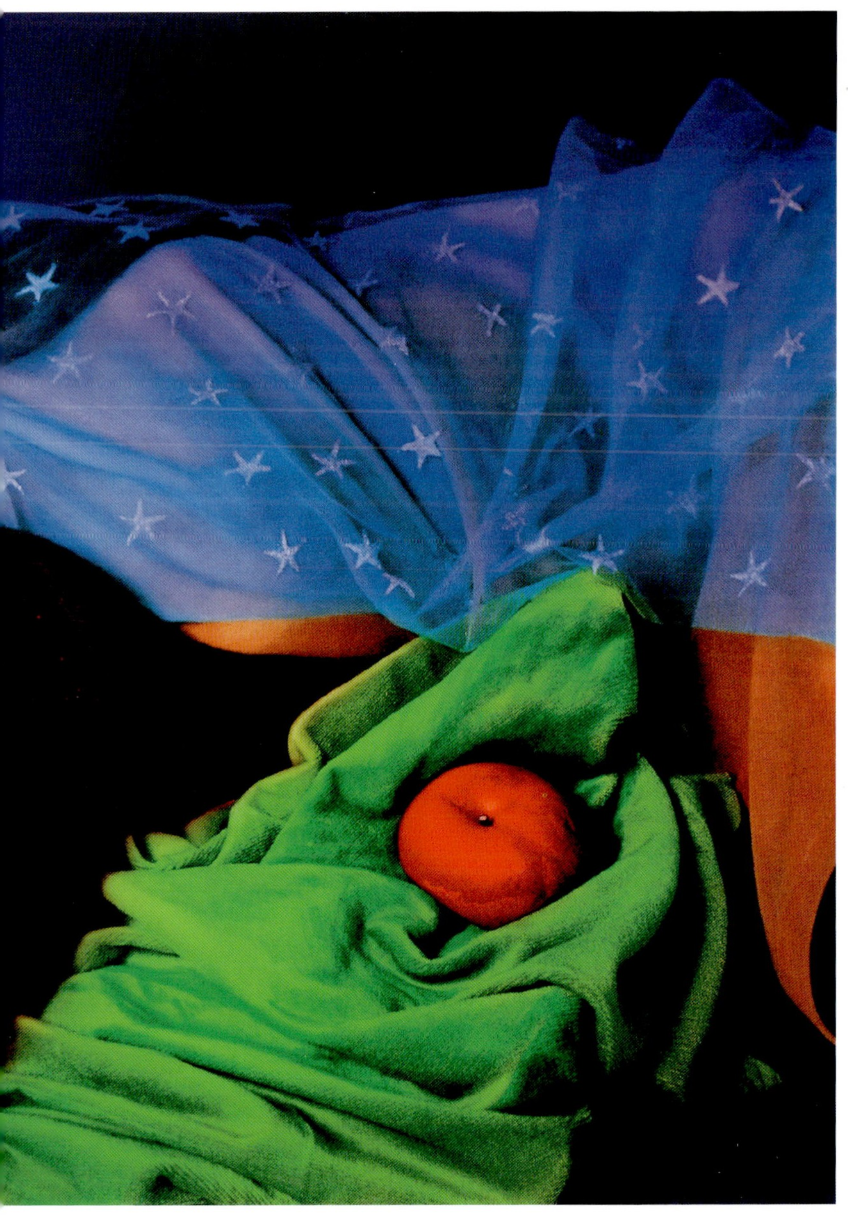

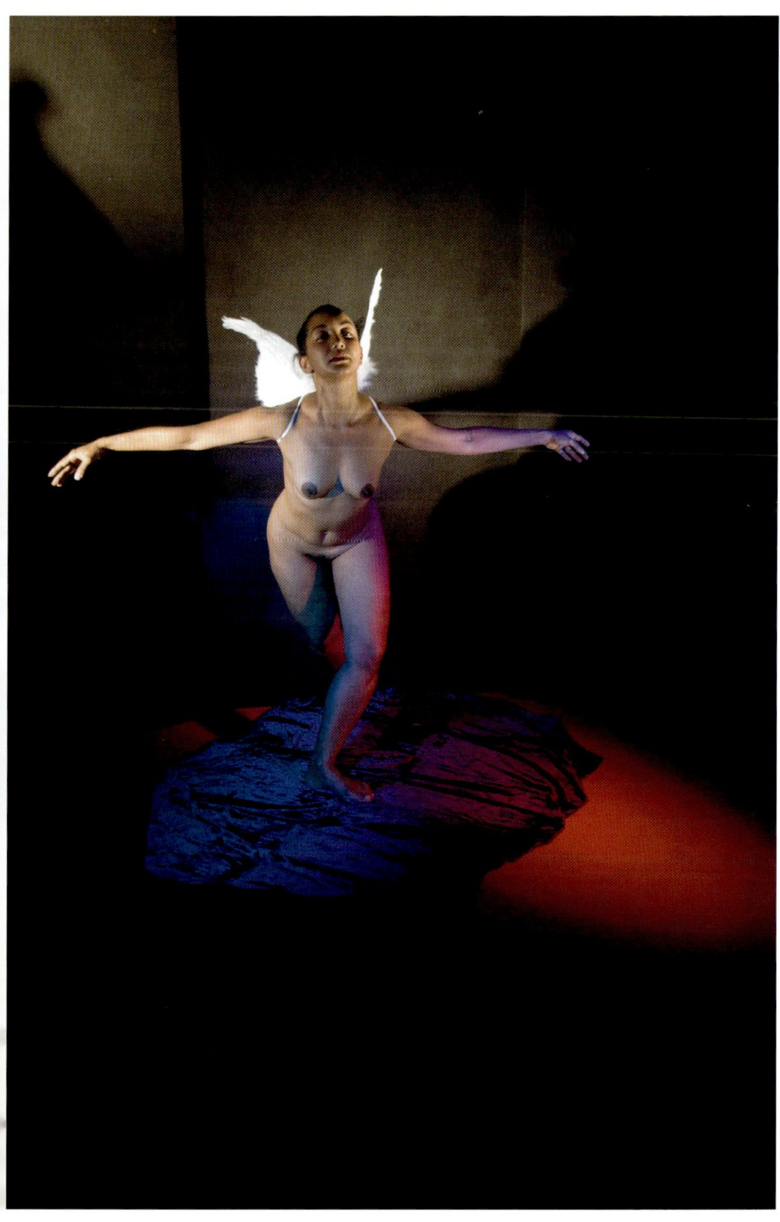

52. Ángel de la paz, 2007

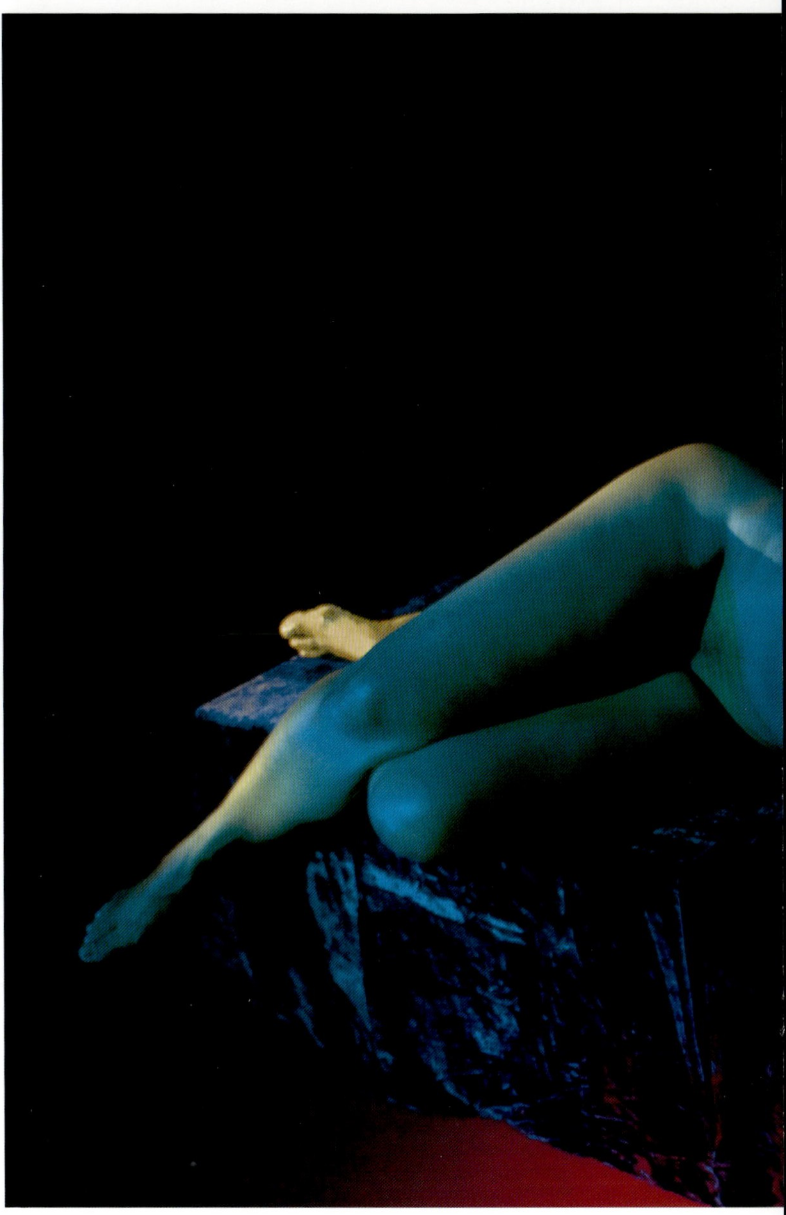

53. Belleza azul, 2007

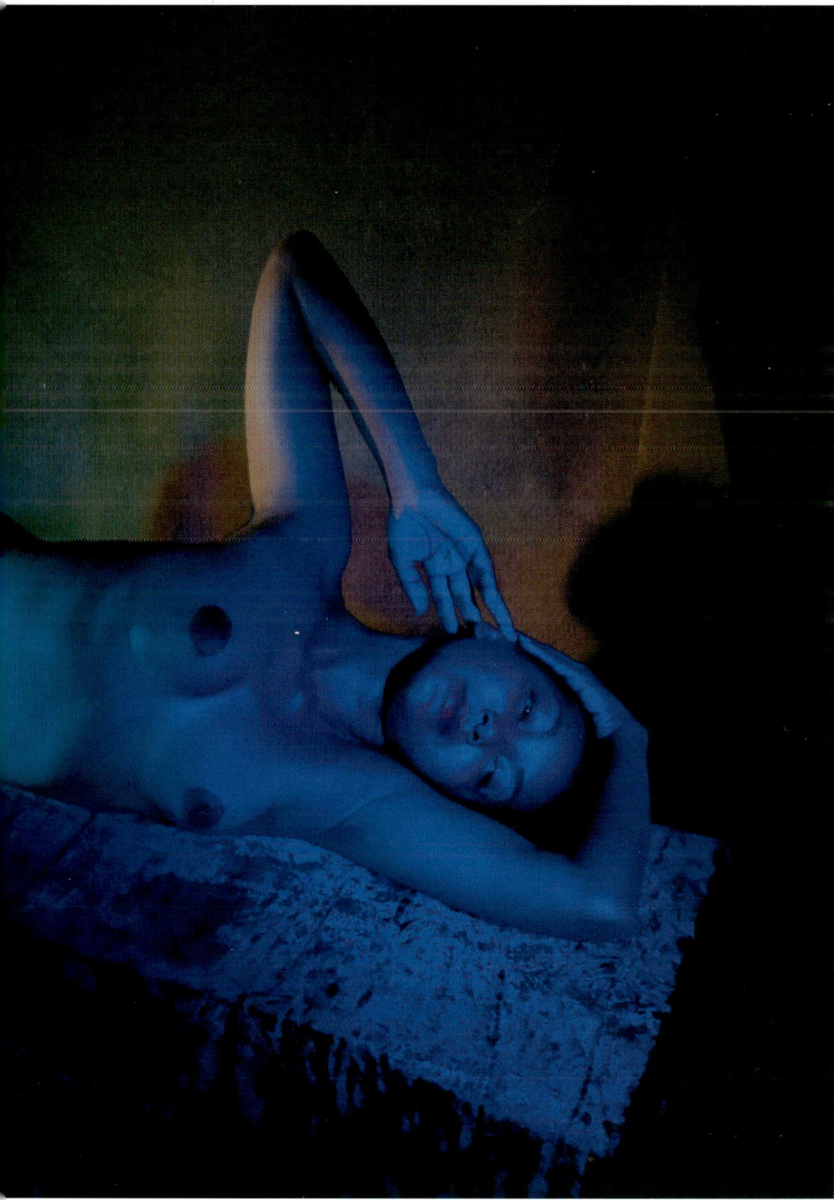

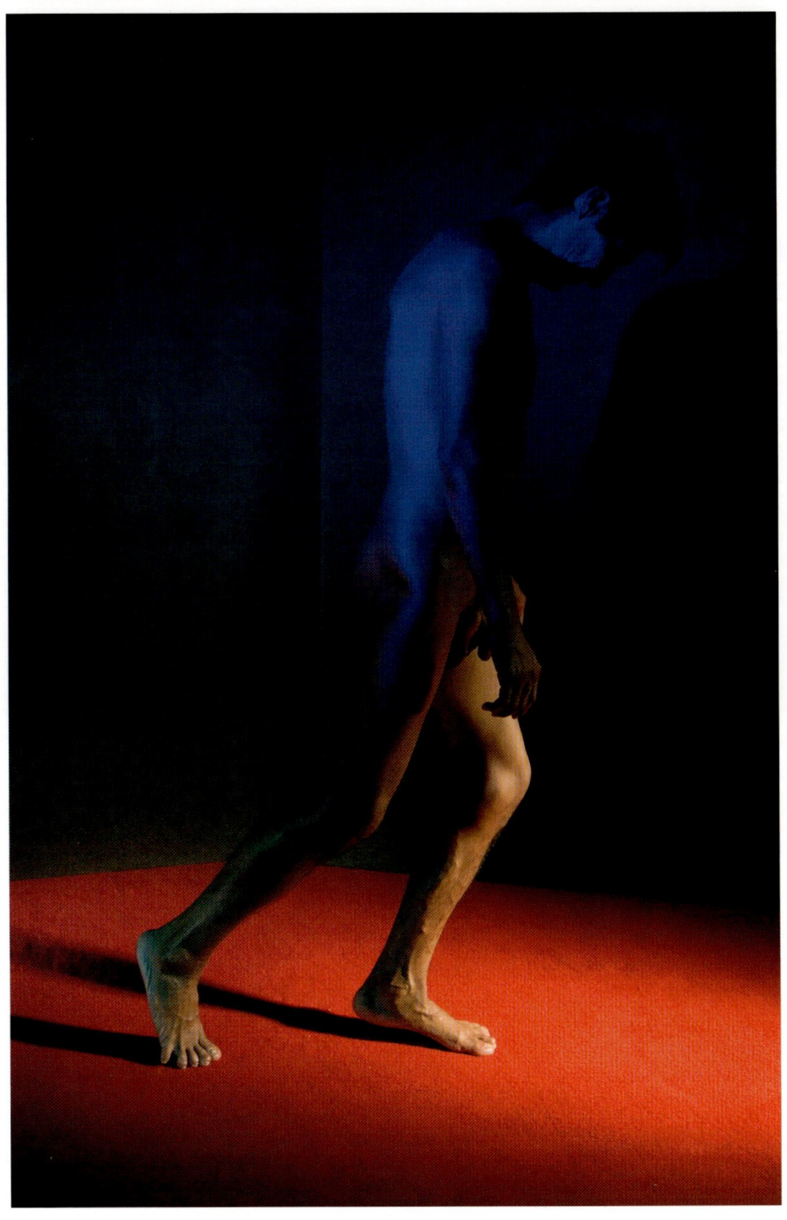

54. Equilibrio para ser humano, 2007

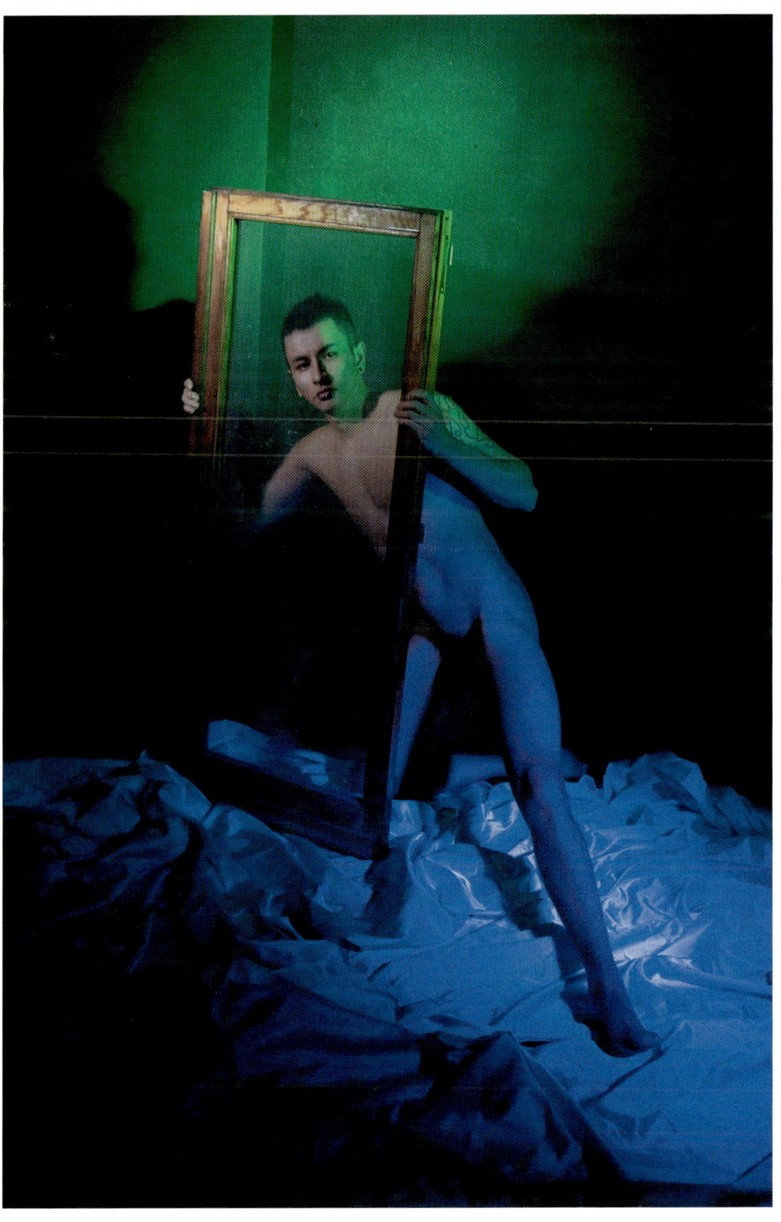

55. A través del cristal, te veo, 2007

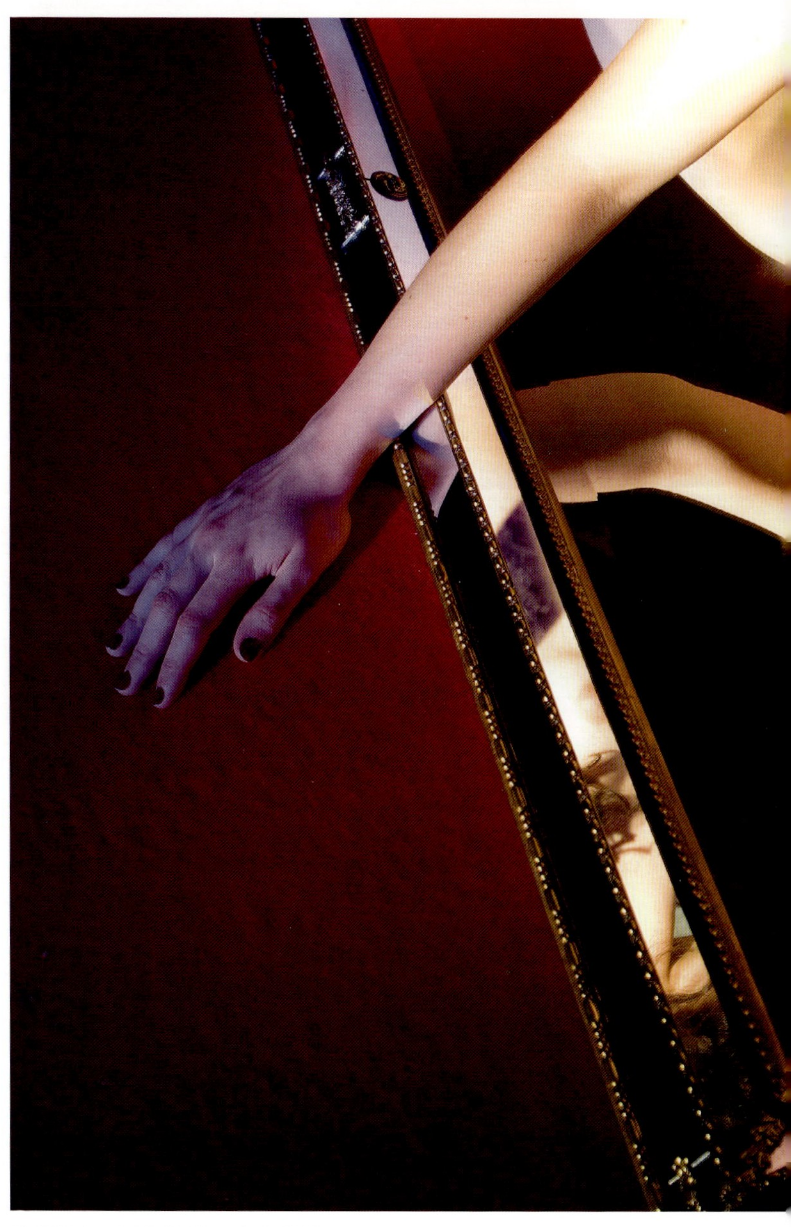

56. Reflejo de mujer bella, también por dentro, 2007

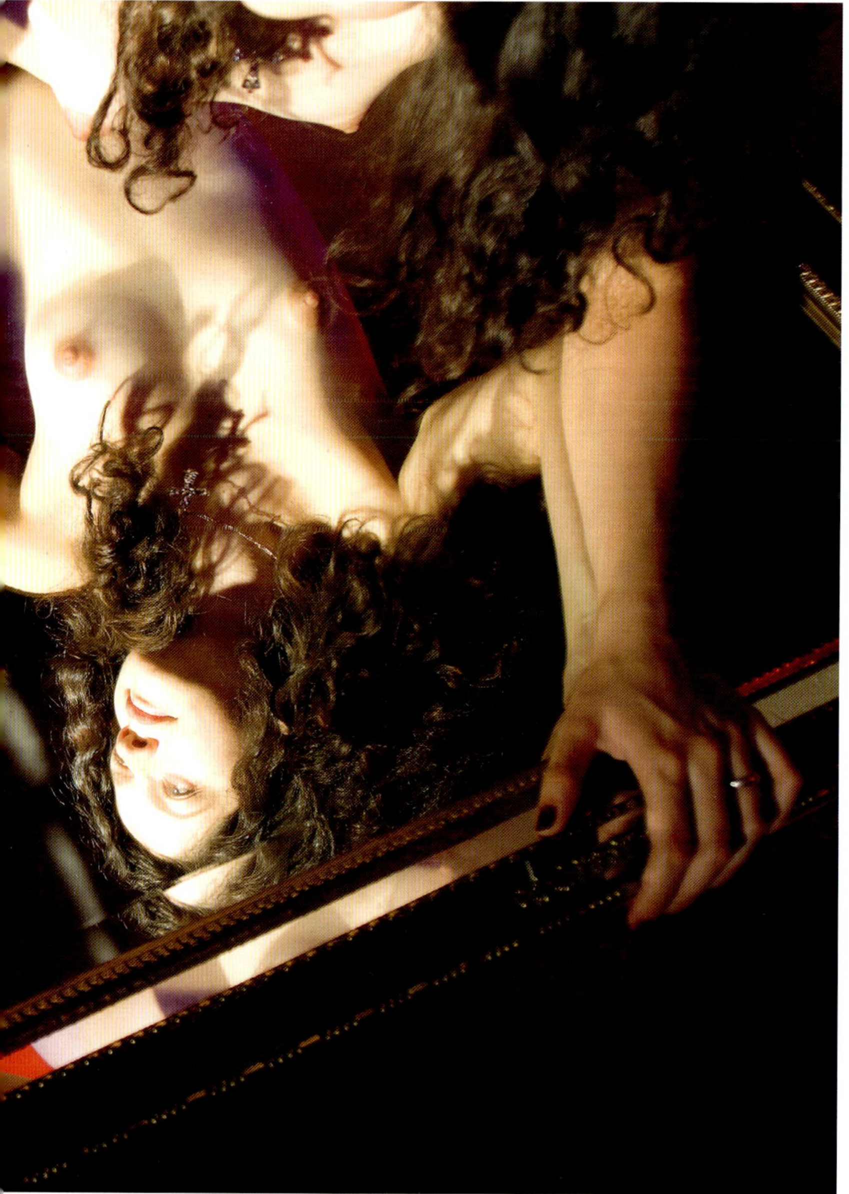

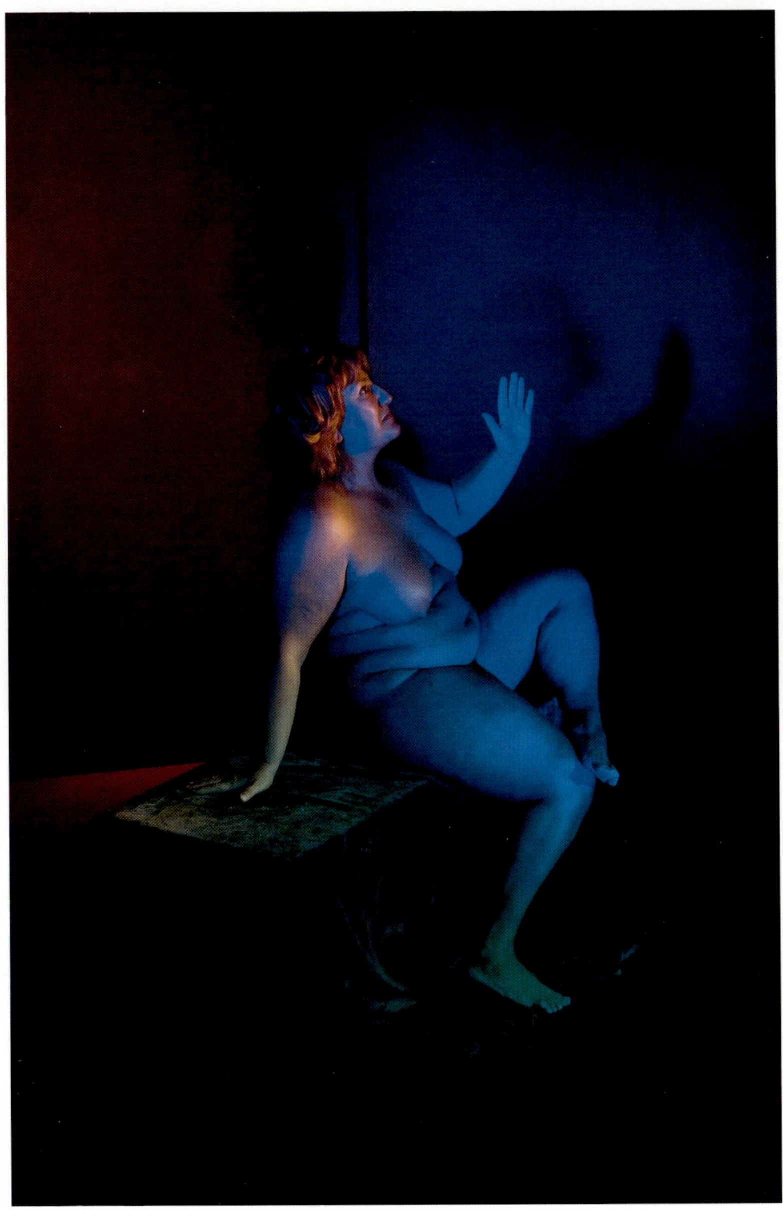

57. *la orana, María* (yo te saludo, María), 2007

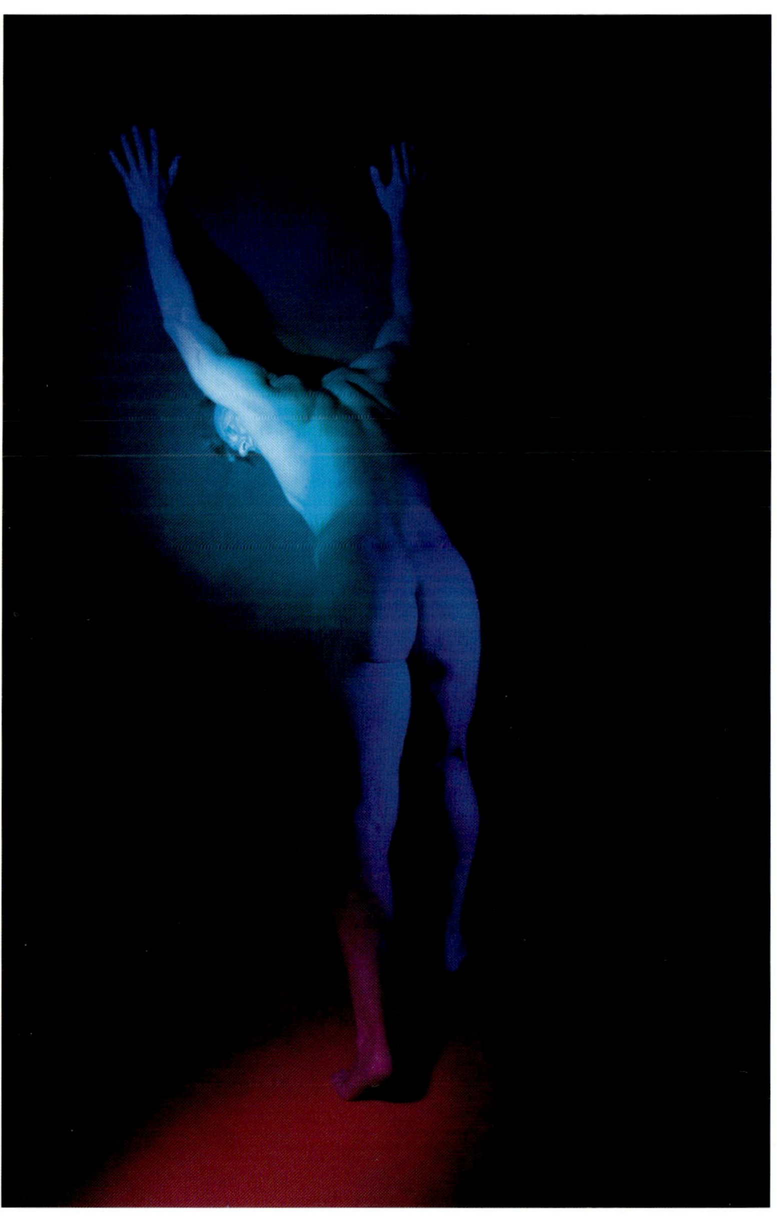

58. Bellísimo Atlas, 2007

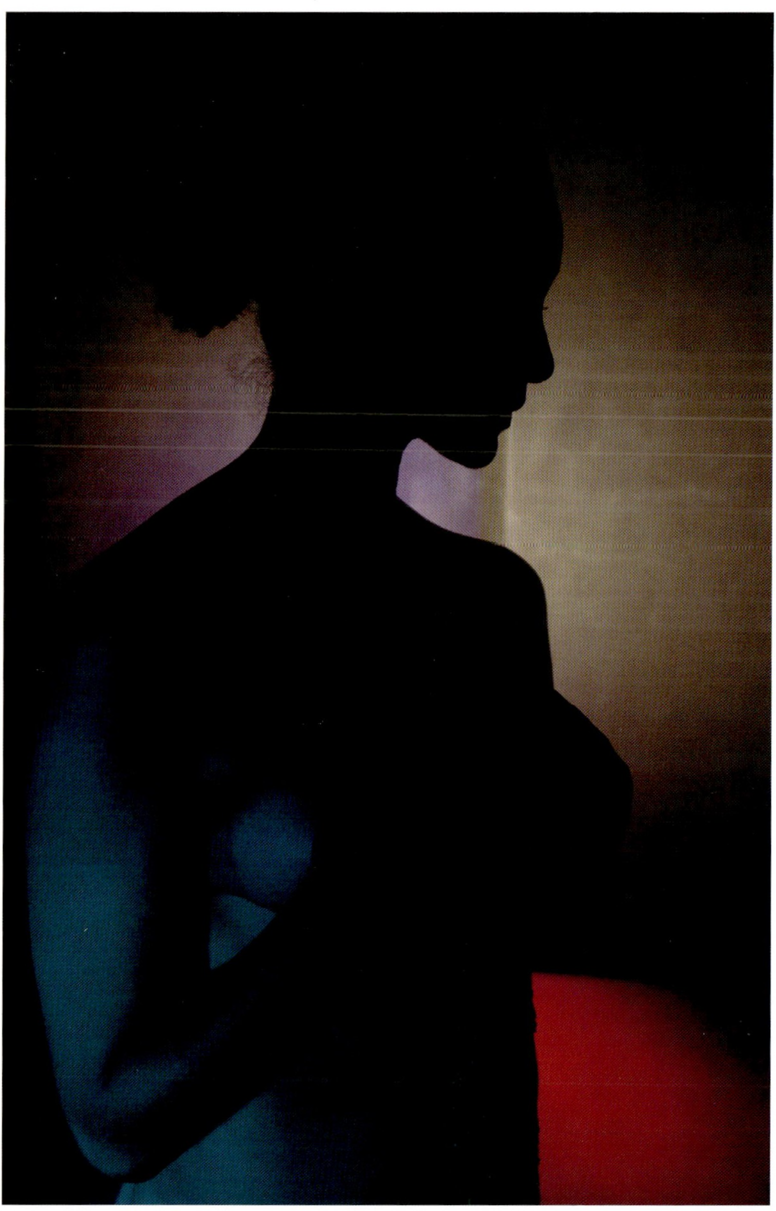

59. Contraluz, 2007

Cronología

1957 Nace en Madrid.

1976 Publica sus primeras fotografías en blanco y negro, en el
      libro *Principio*, firmadas como Bárbara Allende.

1979 Realiza su famosa serie *Peluquería*. Fusiona la pintura y la
      fotografía en sus obras, al colorear los positivos en blanco
      y negro con acuarela.

1980 A partir de esta década comienza a firmar como Ouka
      Lele, nombre que aparece en un mapa de estrellas que
      inventa El Hortelano.

1982 Recibe la Ayuda para Artistas Jóvenes del Ministerio de
      Cultura.

1986 Publica *Naturaleza viva, naturaleza muerta*, en la editorial
      Arnao.

1987 La Fundación Cartier publica el libro *Ouka Lele*, escrito por
      Philippe Model.

1989 Publica *Graphis*.

1990 Publica en Estados Unidos el libro *Step by Step*.

1996 Aparece su libro *La doble mirada*.

1997 La Obra Social de Caja Madrid edita el libro *Ouka Lele*.

1999 Añade una segunda «e» a su nombre artístico, que se
      transforma en Ouka Leele.

2003 Aparece *En blanco y negro*, editado por el Ayuntamiento
      de Alcorcón.
      Presenta el libro *El cantar de los cantares del Rey
      Salomón*, que recibió el Premio Nacional de Bibliofilia.

2004 La Fábrica Editorial publica la primera edición del
      monográfico Ouka Leele en PHotoBolsillo, la Biblioteca de
      Fotógrafos Españoles dirigida por Chema Conesa.
      Publica *Floraleza*, con serigrafías y poemas propios.
      Recibe el Premio de Cultura de la Comunidad de Madrid,
      concedido a toda su trayectoria artística.

2005 Gana el Premio Nacional de Fotografía, concedido por el
      Ministerio de Cultura.
      Realiza una tirada de 100 carpetas en la Edición
      Coleccionista de EFTI.
      Presenta *Ouka Leele poesía en carne viva*.

2006 Se edita la biografía *Ouka Leele, esa luz cuando da
      el sol*.
      Recibe el galardón de la Casa del Poeta de Trasmoz
      (Zaragoza).
      Incursiona en el teatro como escenógrafa, con la obra
      infantil *¿Te acuerdas?*
      Editorial Ellago publica *Ouka Leele, el nombre de una
      estrella*.

2007 Recibe el premio de la revista *Glamour* como mejor
      fotógrafa del año. Madrid.

Realiza la performance *Espiral de la solidaridad*, con 1.500
voluntarios en la plaza de Oriente de Madrid.
Edita *Ouka Leele inédita*.

Exposiciones individuales (selección)

1979 *Peluquería*. Galería Espectrum-Cannon, Barcelona.

1980 *Peluquería*. Galería Redor, Madrid.

1984 *Ouka Lele*. Galería Moriarty, Madrid.

1987 *Rappelle - toi Bárbara,* colección del Museo Municipal de
Arte Contemporáneo del Ayuntamiento de Madrid.
Ouka Lele, 1976-1987. Museo Español de Arte
Contemporáneo, Madrid.

1988 *Ouka Lele Pour Philippe Model*. Fondation Cartier, París

1989 *Ouka Lele*. Shibuya Seibu, Tokio.

1992 *Ouka Lele*. The Special Photographers Company, Londres.
Ouka Lele. 121 Art Gallery Antwenpen, Bélgica.
Ouka Lele. Lothar Albrecht Galerie, Frankfurt.

1995 Encuentros Internacionales de Arles.

1996 *Retratos de la revista de El Mundo*. Centro Cultural Conde
Duque, Madrid.

1998 Kowasa Gallery, Barcelona.

1999 *Madrid figurado*. Instituto Cervantes, Roma.

2000 *Adolescences Urbaines*. La Gallerie du Petit Château,
Sceaux.

2001 *La casita del bosque*. I Bienal de Valencia, Centre del
Carmen, Generalitat Valenciana, Valencia.

2002 Exposición de las 21 serigrafías y 21 dibujos para el libro
El cantar de los cantares. Museo Municipal de Arte
Contemporáneo, Madrid.
Ouka Leele. Université Lumière, Lyon.

2003 *Ouka Leele en blanco y negro*. Castillo de San José de
Valderas, Alcorcón.
Galerie du Théatre, París.

2004 *Ouka Leele en blanco y negro*. Centro Portugués de la
Fotografía, Sala Silo Oporto, Portugal.

2005 *Colección los 80 / II*. Galería Ovidio, Madrid.
Ouka Leele. Dominó Dancing (retrospectiva). Centro
Cultural Tomás y Valiente, Madrid.

2006 *Pulpo's Boulevard*. Sala Alcalá 31, Madrid.

2007 *Dominó Dancing*. Sala Europa de la Consejería de Cultura
de Extremadura, Badajoz; y Museu del Tabac, Andorra.
KUR Gallery, San Sebastián.
Ouka Leele experimental. AVA Gallery.
*Los esponsales de Neptuno y Cibeles. Una performance
de Ouka Leele*. La Noche en Blanco, Madrid.

Serigrafías de *El cantar de los cantares y Floraleza*. Museo
de Obra Gráfica de San Clemente, Cuenca.

2008 *Ouka Leele inédita*. Museo del Traje, Madrid.

Exposiciones colectivas (selección)

1978 *9èmes Rencontres Internationales de la Photographie*.
Arles, Francia.

1979 *New Photographers From Spain*. Spanish Tourist Office,
Nueva York.

1982 Galería René Metras, Barcelona.

1986 *Mois de la Photo*. París.
ARCO'86. Galería Moriarty, Madrid.

1987 Bienal de Sao Paulo.

1989 *Spanish Eyes: a Look at Contemporary Photography from
Spain*. Galería Clarence Kennedy, Cambridge.
Art of Angeles 89. Galería Moriarty, Los Ángeles.

1990 *Tabaco Gitanes*. París.
Spanish Fine Art Photography. The Special Photographers
Company, Portobello Contemporary Art Festival, Londres.
Arte y ciudad. Metro Bilbao. Museo de Bellas Artes,
Bilbao.

1991 *Cuatro direcciones, veinte años de fotografía española
contemporánea 1970-1990*. Museo Nacional Centro de
Arte Reina Sofía, Madrid.

1992 *Almediterránea 92*. Expo 92, Sevilla.

1994 *Who's Looking at the Family*. Barbican Art Gallery,
Londres.
Mois de la Photo. Galería Le Monde de L'Art, París.

1995 ARCO 95. Galería Masha Prieto, Madrid.

1997 *Histoire de voir*. Fondos de la Fundación Cartier, Chateau
Grand Barrail, San Emilion.
ARCO 97. Galería Berini, Barcelona; y Galería Antonia
Puyó, Zaragoza.

1998 *Tati 50 annees*. Musée des Arts Decoratives, Palais du
Louvre, París.
*Spain is Different: Post Pop and New Image Individual
Spain*. Sainsbury Center for Visual Arts, University of East
Anglia, Norwich.
VU' la Galerie, París.
The Grammercy International Contemporary Art Fair.
Galería Berini, Nueva York.

2000 *7 fotógrafos españoles contemporáneos*. Santiago de
Chile.
*Garaje. Imágenes del mundo del automóvil en la pintura
española del siglo xx*. Fundación Carlos de Amberes,

Madrid; y Centro Galego de Arte Contemporáneo,
Santiago de Compostela.

2002 *Art Oriented, from Spain to Korea*. Casa de España, Usla,
Corea.
ARCO 2002. Galería SEN, Madrid.

2003 *Tras el espejo. Moda española*. Museo Nacional Centro de
Arte Reina Sofía. Madrid.

2004 *Fashion-Art*. Museo Nacional de México, Ciudad de
México; Museo de Antioquía, Medellín; y Caixa Galicia,
Santiago de Compostela.

2005 Homenaje a la Movida Madrileña.

2006 *VU par Robert Delpire*. Galerie Vu, París.
Sentiment en trânsit, homatge a Cuixart. Taller Cuixart,
Barcelona.
80+80, photo_ graphisme. La galerie VU. La Galerie
Anatome, París.
La movida. Sala Alcalá 31 y Sala Canal de Isabel II.
Maestros de la luz. Centro Cultural Caixanova, Vigo.

2007 Becointreauversial en EFTI. Guetty Images Gallery.
Itinerarios afines. Guangzhou Museum, Cantón; Yongho
Museum, Beijing.
Soñadores y visionarios. De Santos Gallery, Houston.
*Mírame, la moda y los complementos a través de la
fotografía española*. Museo del Traje. Madrid.
La Luna de Madrid y otras revistas de vanguardia.
Biblioteca Nacional. Madrid.
Espejos del alma. Red de itinerancias de la Comunidad de
Madrid.

Colecciones

Centre de la Vieille Charité, Marsella.
Centro Andaluz de la Fotografía.
Colección Arco, Madrid.
Fondation Cartier, París.
Fundación La Caixa, Barcelona.
Instituto Cervantes, Lisboa.
Museo al Aire Libre de Ceutí, Murcia.
Museo de Alcobendas, Madrid.
Centro Municipal de las Artes, Alcorcón, Madrid.
Museu d´Art Contemporani d´Eivissa.
Museo Español de Arte Contemporáneo, Madrid.
Museo Municipal, Madrid.
Museo Nacional Centro de Arte Reina Sofía, Madrid.
Tabaco Gitanes, París.

Rafael Gordon

Director de cine y dramaturgo nacido en Madrid en 1946. Estudió en la Escuela Superior de Arte Dramático y, a los 24 años, fundó su propia productora, en donde se dedica principalmente a realizar y dirigir sus propios guiones, como los largometrajes *Teresa, Teresa* (2003), *La reina Isabel en persona* (2000), *Cuatro locos buscan manicomio* (1980) y *Tiempos de constitución* (1978) y quince cortometrajes. Además de su prolífica carrera autorial, que incluye la publicación de siete libros dedicados al teatro, ha trabajado en medios de comunicación como Radio Cadena Española, Antena 3 y Cadena Cope. En 2006 dirigió la obra Hamlet, de Luis Buñuel y Pepín Bello. Durante los últimos años se ha dedicado al largometraje documental *La mirada de Ouka Leele*.

Gordon is a film director and playwright born in Madrid in 1946. He studied at the School of Dramatic Art and at age 24 founded his own production company, in which he devoted himself mainly to directing his own scripts including the feature films *Teresa, Teresa* (2003), *La reina Isabel en persona* (2000), *Cuatro locos buscan manicomio* (1980), *Tiempos de constitución* (1978) and fifteen short films. In addition to his prolific career as an author, which includes the publication of seven books on theatre, he has worked for various media such as the Radio Cadena Española and Cope radio stations and Antena 3 television. In 2006, he directed the work *Hamlet* by Luis Buñuel and Pepín Bello. In recent years, he has been working on the documentary film *La Mirada de Ouka Leele*.

Antennas and Roots

Rafael Gordon

> "Beyond a certain point, classicism, romanticism,
> symbolism and Surrealism unite in a single crystallisation."
> Francois Marie Martínez Picabia

When the Spanish Museum of Contemporary Art in Madrid inaugurated their exhibition covering eleven years of Ouka Leele's work on 24 September 1987, the artist was 30 years old. The groundbreaking potential of this presentation of her work was huge, and not just because the public visited the exhibition en masse, forming interminable queues. What was unusual was that the artist was the first creator of her generation to show the production of her early youth, full of liberating avant-garde tendencies, in the selfsame official headquarters of modern art.

Photography entered this sacred temple led by an extremely shy young woman. The exhibition was a unique, possibly never to be repeated, event in official Spanish culture, perpetually complex-ridden, anachronistic and grandiloquent. This ensemble of her work presaged that Ouka Leele's artistic projection would have universal, timeless dimensions and that her oeuvre was not a product of the tellurian, het-up mannerism of everything Spanish at that historical moment.

The photographs displayed made it clear that the artist's imagination, impelled by strong inspiration, way surpassed the artificial cutting-edge trends of her time, vanguards that are born, reproduce and die in an adulterated and at times officially sponsored way.

Ouka Leele's inventive genius finds its precedent in the Renaissance utopia of creating beauty and spirit; talent, character and a radically free personality are required to reach this totalising artistic truth.

Ouka Leele –née Barbara Allende– was born in Madrid in 1957 in the Red de San Luis, the intersection of Gran Vía and Calle Montera, a few hundred metres from the birthplace of painter Juan Gris and in the shadow of the Telefónica skyscraper which, according to novelist John Dos Passos, was American multinational ITT's first swipe at Europe.

The Red de San Luis exudes all the vitality of this cosmopolitan city and possibly a little more. Thousands of people flow along its sidewalks day after day, century after century. Skyscrapers, bourgeois edifices, hyperrealist whores, jewellery shops, McDonalds... The pavilion housing the futuristic elevator built by the brilliant architect Palacios, Caesar Eisenhower's triumphal parade under those balconies, the baroque churches on Caballero de Gracia and, in the background, the modernist and terrifying Saldos Arias fire. All of this took place within sight of the blue-eyed girl who sought her identity in the burning and freezing asphalt, the pulse of blood suspended in her veins, within a contaminated, magic and irrational circle.

If, as the experts say, the unconscious nourishes and defines the artist's spirit during the first five years of life, we can be sure that the antennas of the future and the roots of the past that comprise Ouka Leele's polyhedral and universal creative labour are concentrated in a few hundred square metres of the Plaza of St. Louis, he who was King of France, in a vanishing, depatriated Madrid.

We should now recall that the newest art dictionaries mention that a hard-playing artistic movement, called the Movida, existed in Madrid at the end of the 1970s and beginning of the 80s. It is clear that the King who survived the movement was born in Calzada de Calatrava, at the heart of La Mancha, and that the Queen, with a star's pseudonym and pre-Raphaelite features and bearing, was born in Madrid. Both monarchs are young and their reign can be presumed to be prosperous and long-lasting.

Ouka Leele's graphic world is a continuous adventure in pursuit of creative liberty and a world full of meaning. She gets to the essence of time and imagery, tirelessly seeking the human side of objects, poetising the quotidian, and always achieving the most brilliant originality. Her art consists of reinventing the arrangement of scenic space, gestures and light, as shown in *Misterio de la vida*, *Moda española* or *El sueño de una noche de verano*. Everything, absolutely everything that the camera shoots and the colour on her brushes recreates is the product of her inspiration. The mastery of her art leads her to want to freeze movement and stop action within the photograph itself, as we see in works such as *Desnudo con periódicos*, *Bananne Rose* and *Autorretrato con vaso de agua*.

We have before us an artist endowed with an iron hypersensitivity and an intuition that enable her to perceive the most significant expressive currents of her time, although she always lends her personal touch to everything she assimilates. Her work can be summarised as a tireless quest to express an immaterial principle, as if she needed to live and make her characters live in an incorporeal substance. In her early years, when she made the *Peluquería* series in Barcelona, the artist sought a totemic image of the human being, transcended by an aureole of mythological reminiscences. The figures in *Peluquería*, although cloaked in obvious classical symbolism, are never parodies: the series' expressive force and formal beauty invest the portraits with a cry of rebellion against human nature and conformism, a cry coming from a deeply atavistic mythological world. *Pulpo con paisaje* can act as a reference for the *Peluquería* series.

Ouka Leele starts with collective archetypes and reflects in hundreds of photographs a subterranean world that she brings to light by fixing time and the instant, therefore magically crystallising what is undeniably human, without ever surrendering conflict or emotional drive. This supremacy of human essentiality allows her work to be a perfect illustration for any mass-produced graphic element, from posters to novels; witness her photograph, *Retrato de Mijail Gorbachov*, which illustrated the cover of *Rolling Stone* magazine.

It is important to point out the prodigious variety that characterises Ouka Leele's work. The artist shuns the single model, which allows some creators to hide behind one artistic "logotype" forever. She forces herself to face new challenges that distance her from conformism and self-satisfaction. Hers is a supremely creative output in which perfection stems from a strict classicism of form which frees her imagination to invent colours that illustrate the drama, always full of originality, beauty and energy.... with a force approaching and sometimes equalling her admired Dali and Magritte. The uniquely gifted works *Un domingo por la mañana* or *Bananne Rose* come to mind in this respect.

Ouka Leele's strolls through the Prado Museum during her childhood and adolescence were deciding factors in her creative orientation: intuition and emotion made the child's eyes fill with tears upon seeing the absolute red of El Greco's paintings. "I only concentrated on the red, as if it were an abstract picture, without knowing what abstract painting was." This premature emotivity has never left her, as it never left her beloved Picasso. She photographs not what she sees but what she feels. The artist recognises that the Prado Museum trained her in the classical dimension of her work. Perhaps her picture Cibeles, Rappelle-toi Barbara, in which modernity, combined with a skilled composition of dramatic elements, best exemplifies her proposal to integrate in a modern photograph the expressive possibilities of the great masters of painting.

We might say Ouka Leele is a self-taught artist, since her contact with painting and photography schools, although she is still grateful to her teachers, has resulted in an iconoclastic bent. If we take time to observe *El beso*, we immediately sense her passionate desire to transfigure any foregone understanding of reality. In this work, man and woman experience the act most widely identified with love, but before our eyes this experience becomes an instinctive, physical and immediate act of atrocious aggression. The powerful expressiveness of this image makes it a uniquely exalted moment in the image-filled world of our time. *El beso*, reproduced in many illustrations in various countries, is the perfect model to express a modern malady: the horror of our human baggage at the moment of sharing affection. The photograph seems aimed at perfectly illustrating Salvador Dali's admission in his book *Unspeakable Confessions*, when he describes kissing Gala for the first time: "Our teeth clashed like shields in battle."

We should not forget, however, that the origin of all Ouka Leele's work is beauty, whether in landscapes, portraits or recreations, as in *La diplomacia*. The secret of her art is the mixture of myriad possibilities in form and colour, which determine the construction of a beautiful work that radiates spirituality and instantly erases any hint of fossilised conventionalism. Art in a pure state, totally innovative, capable of competing equally in expressiveness with painting, cinema or the limitless world of advertising images and digital creation.

Contemplating her work Madrid, free, in spite of its title, of all individual or local implication, we come across a pop sphinx and ask it about the uncertain possibility of surviving the emotion of human pain. Madrid is included in Gabriel Bauret's book *Color Photography*, which comprises the most anthological colour photographs of Bauret's era.

The twenty-first century may finally dictate that works of art should be, above all, the totalising expression of an instant, that they should concentrate all the sensory memory of the cybernetic viewer obliged to decipher in seconds the latest artistic issue. Ouka Leele's photographs are, in this sense, perfect paradigms of her time.

Let her own words end this commentary: "I am always beginning, always retaining the pure gaze of childhood, when nothing had a name yet, and building my modest language, which is nothing more than admiration for the Divine work of art to which we belong."

PHoto**Bolsillo**

Director de la Biblioteca PHotoBolsillo / Series Editor
Chema Conesa

Diseño original / Original Design
Fernando Gutiérrez

Coordinación / Coordination
Doménico Chiappe

Producción / Production
Paloma Castellanos

Papel / Paper
Portada impresa en SATIMAT GREEN, 350 g/m^2
Interior impreso en SATIMAT GREEN, 150 g/m^2
60% fibras recicladas / 40% fibras vírgenes FSC
La nueva generación de papeles medioambientales de ArjoWiggins

Fotomecánica / Photomecanics
Cromotex

Impresión / Printer
Brizzolis

ISBN
978-84-92498-54-3

Depósito legal
M-45143-2008

Impreso en España / Printed in Spain

Una coedición entre / A Coedition Between

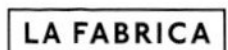
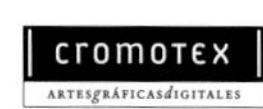
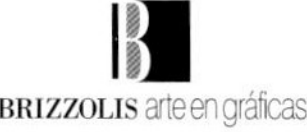
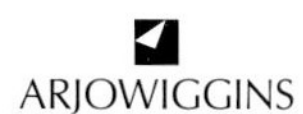